UWE-K. KETELSEN

Völkisch-nationale und nationalsozialistische Literatur in Deutschland 1890-1945

MCMLXXVI

J. B. METZLERSCHE VERLAGSBUCHHANDLUNG

STUTTGART

KARL OTTO CONRADY
ZUM 50. GEBURTSTAG
AM 21. FEBRUAR 1976

ISBN 3 476 10142 8

M 142

© J. B. Metzlersche Verlagsbuchhandlung und Carl Ernst Poeschel Verlag GmbH
in Stuttgart 1976. Satz und Druck: Gulde-Druck Tübingen.
Printed in Germany

SAMMLUNG
METZLER

REALIEN ZUR LITERATUR

ABT. D

LITERATURGESCHICHTE

Dem Versuch, die völkisch-national-konservative und nationalsozialistische Literatur in Deutschland sowie die Diskussion darüber zum Objekt eines literaturgeschichtlichen Berichts zu machen, stellen sich einige spezifische Schwierigkeiten in den Weg.

Die erste (und vielleicht bezeichnendste) bildet schon der Titel. Es gehört zu unserer (literar)geschichtlichen Situation, daß wir für den zu behandelnden Komplex keinen allgemein verbindlichen haben. Die Titelformulierung »völkisch-nationale und nationalsozialistische Literatur« ist eine technische Kürzel für die langschweifige Bezeichnung »völkisch-national-konservative und nationalsozialistische Literatur«, die im Text benutzt wird. Mir erschiene es am günstigsten, einen in amerikanischen soziologischen Untersuchungen gebräuchlichen Ausdruck zu benutzen und von der »deutschen Literatur der (klein)bürgerlichen Anti-Modernization« zu sprechen, weil damit die sozialgeschichtliche Klammer für die im einzelnen sehr divergierenden Erscheinungen angegeben wäre. Aber der Ausdruck hat sich in der deutschen Diskussion nicht eingebürgert; außerdem müßte über eine *sozialgeschichtliche* Deutung dieser *literarischen* Erscheinung der Konsens erst noch hergestellt werden.

Und damit stellt sich eine zweite Schwierigkeit. Es ist im thematisierten Bereich kaum ohne weiteres ein »gesicherter Stand von Fakten verfügbar« zu machen; wie die Schwierigkeiten einer angemessenen Titelfindung schon signalisieren, ist der derzeitige Diskussionsstand vielmehr dadurch gekennzeichnet, daß seit etwa einem Jahrzehnt erst langsam ein Bewußtsein dafür entsteht, hier existiere überhaupt ein Zusammenhang, in den einschlägige Komplexe als »Fakten« einzuordnen seien. So schien es nötig, nicht nur »Realien« zu vermitteln, sondern zugleich auch Hinweise zu geben, wie fragebedürftig der ganze Themenkreis ist; das wird vielleicht am meisten an den Beispielen des europäischen Kontextes, der deutschen Zeitgenossenschaft, der Universitätsgermanistik und der Nach-45er-Situation deutlich. Eine Diskussion darüber wird kaum ohne Kontroversen möglich sein; so schien es mir zugleich nötig, den »neuesten Stand der Forschung« nicht nur zu dokumentieren, sondern auch dessen Genese zumindest anzudeuten, denn die Forschung ist nicht weniger von den geschichtlichen Prozessen unseres Jahrhunderts abhängig wie ihr Gegenstand; anhand der Diskussion über Faschismustheorien ist das leicht zu demonstrieren.

Und endlich ergibt sich die Schwierigkeit der Auswahl und der Zuordnung. Obwohl eine größere Zahl von Namen angeführt und an manchen Stellen die Darstellung breiter ausgefächert wird, wege ich nicht den Ehrgeiz, mit diesen Seiten auch nur den Abriß einer »Geschichte der deutschen Literatur der (klein)bürgerlichen Anti-Modernization« zu geben. Den Themenkreis im gegebenen Rahmen und beim derzeitigen Stand der Diskussion ausschöpfen zu wollen, wäre eine Illusion. Die Auswahl und die Zuordnung sind bei der Masse des Stoffes und der Fragebedürftigkeit der Kategorien ein Problem der historischen Interpretation, die sich selbst der wissenschaftlichen Kritik stellen muß; sie sind ein Problem der bewertenden Gewichtung und sie sind bei der Unübersichtlichkeit der Diskussion schließlich ein Problem der Aufarbeitung. Ich wäre, wie überhaupt, auch hier für Hinweise dankbar.

Bochum, am 6. XII. 1975   *U.-K. K.*

INHALTSVERZEICHNIS

SIGELNVERZEICHNIS

DVjS	=	Deutsche Vierteljahrsschrift für Literaturwissenschaft und Geistesgeschichte (1923 ff.)
Euph.	=	Euphorion (1894 ff.)
GLL	=	German Life and Letters (1936–39, 1947 ff.)
GQ	=	The German Quarterly (1928 ff.)
GR	=	The Germanic Review (1926 ff.)
GRM	=	Germanisch-romanische Monatsschrift (1909 ff.)
GWU	=	Geschichte in Wissenschaft und Unterricht (1950 ff.)
HZ	=	Historische Zeitschrift (1859 ff.)
IB	=	Internationale Bibliographie zur Geschichte der deutschen Literatur, Bd. II 1, 2, München-Pullach 1971 f.
JEGP	=	Journal of English and Germanic Philology (1897 ff.)
LWU	=	Literatur in Wissenschaft und Unterricht (1968 ff.)
MLR	=	Modern Language Review (1905 ff.)
NDB	=	Neue Deutsche Biographie, Berlin 1953 ff.
NDH	=	Neue Deutsche Hefte (1954 ff.)
Neoph.	=	Neophilologus (1915 ff.)
NR	=	Die Neue Rundschau (1890 ff.)
Pol. Vjs.	=	Politische Vierteljahresschrift (1960 ff.)
RL	=	Reallexikon der deutschen Literaturgeschichte, Berlin ²1955 ff.
Stud. Gen.	=	Studium Generale (1947 ff.)
Vjh. f. Zg.	=	Vierteljahreshefte für Zeitgeschichte (1953 ff.)
WB	=	Weimarer Beiträge (1955 ff.)
WiWo	=	Wirkendes Wort (1950 ff.)
ZDB	=	Zeitschrift für deutsche Bildung (1925–1944)
ZfDk	=	Zeitschrift für Deutschkunde (1897–1943)
ZfdPh	=	Zeitschrift für deutsche Philologie (1868 ff.)
ZfRuG	=	Zeitschrift für Religions- und Geistesgeschichte (1948 ff.)

I. Völkisch-national-konservative und national-sozialistische Literatur als Objekt der nachkriegsdeutschen Tradition

Im *literarhistorischen Bewußtsein* der Gegenwart ist die völkisch-national-konservative und nationalsozialistische Literatur in Deutschland so gut wie unbekannt; sie ist in ein Knäuel von Unwissenheit, bewußter Vergeßlichkeit, Reinigungszwängen, Verdrängungen, Berührungsängsten und reaktiven Aggressionskomplexen verstrickt. Der positive Traditionszusammenhang wird gesucht, indem sie umgangen wird; die verschiedenen Richtungen der ›Moderne‹, der bürgerlich-humanistischen Literatur, der Arbeiterliteratur oder der proletarischen Schreibaktivitäten müssen Stellvertreterfunktionen an ihrer Statt übernehmen. Sie selbst bleibt strikt ausgeklammert. Diese emotionelle Haltung angesichts des Themas ist so übermächtig, daß es weder einen rechten Namen für die Sache noch ein rechtes Objektbewußtsein von der Sache zu geben scheint. Wenn man den Literaturgeschichten als den Hauptbüchern unseres literaturgeschichtlichen Bewußtseins glauben dürfte, dann hat es die Sache als solche nie gegeben. Allenfalls die Zeit zwischen 1933 und 1945 wird mit einem schnellen Blick gestreift, und auch bei den jüngsten Literaturgeschichten hat sich die Scheu, darauf einzugehen, kaum gelegt. Eine wachsende Beschäftigung mit der Literatur der Emigration bekommt in den letzten Jahren zusehends eine Alibifunktion. Diese Situation ist um so bemerkenswerter, als sie sehr auffällig von der überaus starken Aktivität auf den Gebieten der Zeitgeschichtsforschung und der Gesellschaftswissenschaften absticht, wo die intensive Beschäftigung mit dem III. Reich im weitesten Sinne und mit dem Faschismus zu einer nicht mehr zu überblickenden Flut von Veröffentlichungen geführt hat. Und sie sticht auch auffällig ab von der Haltung der deutschen Literaturwissenschaft vor 1945, die bekanntlich nicht müde wurde, eine eigenständige Literatur erst des ›eigentlichen‹, dann des ›neuen‹ Deutschlands zu postulieren und durch respektable Ahnenreihen historisch zu legitimieren.

So wie Mitte der 60er Jahre die Diskussion innerhalb der deutschen Germanistik eine völlige Hilflosigkeit gegenüber den Problemen der Einordnung der deutschen Literaturwissenschaft in die geschichtlichen Bewegungen dieses Jahrhunderts ans Tageslicht gefördert hat, so offenbart sich schon einem flüchtigen Blick auf den Großteil der Versuche, das Feld der literarischen Tradition in Deutschland auch in dieser Hinsicht abzustecken, die Hilf- und Prinzipienlosigkeit der Literaturwissenschaft, sich dieses ›Phänomens‹ wissenschaftlich zu versichern. Diese Hilflosigkeit schlägt sich fast zwanghaft in zwei Argumentationsweisen nieder: Entweder erscheint in den jeweiligen historischen Abschnitten gar kein entsprechendes Kapitel, und es wird über Autoren wie z. B. B. v. Münchhausen, A. Miegel, W. Schäfer, H. Carossa so berichtet, als sei an ihren Werken eine einschlägige Diskussion nicht zu führen; allenfalls ihre Privatperson wird mit kritischen Anmerkungen bedacht. Oder es wird ein eng begrenztes Kapitel eingerichtet, in das einige literarisch inferiore Parteidichter eingepfercht werden.

Ein leidliches intellektuelles Niveau und ein entwickeltes ästhetisches Bewußtsein schützt in der westdeutschen Diskussion einen Autor allemal nachhaltig vor jedem ›Faschismus‹verdacht. Lange Zeit wurde in Westdeutschland der DDR-Germanistik das Privileg zugestanden, die ›gute‹ Tradition unter radikalen Ideologieverdacht zu stellen. Und wegen ihres undifferenzierten Begriffs von Faschismus, der als letztes und konsequentes Zerfallsprodukt von ›Bürgerlichkeit‹ definiert wurde, kann man kaum sagen, daß sie ihre Chance besonders gut genutzt hätte. Dabei hätte es der westdeutschen Literaturgeschichtsschreibung durchaus zum Gewinn gereicht, etwa H. Kaufmanns Urteile zur deutschen Literaturtradition des beginnenden 20. Jahrhunderts, und zum Expressionismus insbesondere, sorgfältiger zu prüfen. Statt dessen hat in Westdeutschland – von wenigen Ausnahmen abgesehen – lange Zeit eine alles Realgeschichtliche aussparende, ›werk‹bezogene wissenschaftliche Sekundärliteratur oder gar eine affirmative Adorationsliteratur das Feld beherrscht. Nur wo die eindeutige Zuordnung eines Autors zu Gruppierungen im Vorfeld des nationalsozialistischen Staats oder zur NSDAP möglich ist, atmen die literaturhistorischen Feldvermesser freier. In der Weigerung, die schriftstellerische Produktion völkisch-nationalkonservativer und nationalsozialistischer Provenienz als der deutschen Literaturtradition integrierte *Literatur* anzuerkennen bzw. umgekehrt an der anerkannten Literatur Spuren solcher

Provenienz wahrzunehmen, schlägt sich nicht nur eine spezifische Qualität dessen nieder, was aus dem Zusammenhang hinausdefiniert wird, vielmehr tritt in solchen Urteilen (oder Vor-Urteilen) ziemlich offen ein kanonisierter Literaturbegriff ans Licht; er ist, historisch gesehen, älteren Datums, in seinen jüngsten Elementen dem ausgehenden 19. Jh. entstammend, und seine Restauration ist als integrativer Teil der angedeuteten Verdrängungsstrategie zu beurteilen. Es heißt, die zur Debatte stehende Literatur sei nicht originell sondern traditionell-epigonal und damit keine echte Dichtung; oder es heißt, sie habe im Dienst der politischen Mächte gestanden, sei somit nicht ›autonom‹ und frei und damit keine echte Dichtung; oder es heißt, sie sei inhuman und damit keine echte Dichtung; oder es heißt, sie sei wenig intellektuell und damit keine echte Dichtung; oder es heißt, sie sei formal unzureichend und damit keine echte Dichtung (wobei allerdings Autoren der 20er bis 40er Jahre, die lieb und teuer geblieben sind, gegen solche Verdikte durchaus gerettet werden können, wie etwa H. Carossa, W. Bergengruen, R. A. Schröder, J. Weinheber oder E. Wiechert). Wo eindeutige Zuordnungen möglich oder nötig sind, meist weil die Autoren mehr oder weniger offene politische Bekenntnisse abgelegt haben, da verliert die deutsche Literaturwissenschaft schnell ihr Interesse, denn als Manifestationen des ›Un‹geistes sind ihre Werke im Zusammenhang der Manifestationen des Geistes, als die echte Dichtung begriffen wird, unwesentlich. E. Jünger oder der mittlere Benn müssen die Last, die die kulturpolitische Konstellation der deutschen Literaturtradition insgesamt aufgebürdet hat, nahezu alleine tragen. Diese Situation wäre selbst als ein Politikum zu begreifen.

Erst zaghaft seit den beginnenden 60er Jahren, dann energischer seit deren Ende ist die Bereitschaft zu erkennen, sich mit angemessenen Kriterien auch mit diesem Bereich der deutschen Literaturtradition zu beschäftigen. Man kann dabei eine Veränderung erkennen, die von einer moralischen über eine geistesgeschichtliche zur gesellschaftlich-politischen Einschätzung der völkisch-national-konservativen und nationalsozialistischen Literatur führt und die in den Zusammenhang der politisch-gesellschaftlichen Entwicklung der Nachkriegszeit gesetzt werden muß. Bei den ersten Versuchen (vor allem bei Fr. Schonauer, J. Wulf, K. O. Conrady, E. Loewy) herrscht eine »polemisch-didaktische« (Schonauer), ja denunziatorische Tendenz vor, deren Impulse vor allem der Kritik an einer nicht ›bewältigten‹ Vergangenheit in der Restaurationsphase der Bundesrepublik entspringen. Nach Wulfs Dokumentation stellt sich die Literatur des nationalsozialistischen Staats als das Produkt eines intriganten, kleingeistigen, ehrabschneiderischen und vetternwirtschaftenden Kulturklüngels dar; »Vor Adolf Bartels wird gewarnt« oder »Sind wir wieder so weit?« (Conrady) sind charakteristische Titel aus dieser Phase der ersten wirklichen Auseinandersetzung mit dieser Literatur. Dementsprechend werden mit bloßstellendem Gestus ›Stellen‹ aus der literarischen Produktion des konservativen Bürgertums des 19. Jh.s, der Literatur des III. Reichs und der fortgeerbten Unverbesserlichkeit der Nachkriegszeit gesammelt und einer das Emotionale nicht scheuenden Distanzierung preisgegeben. Daneben und diese Ansätze aufgreifend entsteht zögernd eine vor allem von den Traditionen der Geistesgeschichte beherrschte Forschungsliteratur (etwa R. Geißler, A. Schöne, U.-K. Ketelsen), welche die Literatur dieser Provenienz als Emanationen eines spezifischen Geschichts- und Lebensbewußtseins zu analysieren versucht; die Wurzeln dieser Bewußtseinslage werden als zentrale Weltanschauungspostulate einer spezifischen deutschen Gesinnung klassifiziert und als Produkte einer ›verfehlten‹ deutschen Geschichte bis in die Romantik, ja bis zur lutherischen Reformation zurückverfolgt. Diese Arbeiten wenden sich mehr oder weniger ausdrücklich auch gegen die vor allem in den Nachkriegsjahren oft vertretene These, die Literatur des III. Reichs sei nichts als erzwungene oder freiwillige Propagandaliteratur im Dienst der nationalsozialistischen ›Machthaber‹ (vgl. etwa I. Pitsch, K. Denzer, K. Scheel). Unter dem Einfluß der Vietnamproteste und der ›Studentenrevolte‹, deren ideologischer Ausdruck eine Revitalisierung neomarxistischer Positionen vor allem im Schatten der ›Frankfurter Schule‹ bildete, wurden diese traditionell geistesgeschichtlichen Bemühungen schnell überwunden. Dabei fiel die distanzierende Auseinandersetzung damit allerdings nicht so scharf aus wie die gleichzeitige mit der ersten kritischen Aufarbeitung der germanistischen Fachtradition rund um den Münchener Germanistentag 1966; sie war indes von denselben Impulsen bestimmt. Seither herrscht eine ideologiekritisch orientierte Beschäftigung mit diesem Komplex vor: je nach politischem Standpunkt wird eine Auseinandersetzung mit dem Erkenntnisobjekt unter dem Vorzeichen einer ›deutschen‹ bzw. einer ›bürgerlichen‹ Kulturproduktion gesucht und als Kritik wesentlicher Tendenzen der neuesten Geschichte verstanden. Es dominieren Ansätze, die sich selbst als ›materialistisch‹ verstehen möchten (ohne deswegen aber schon orthodox-marxistisch sein zu wollen); man wird am ehesten von einer neoradikaldemokratischen Linie sprechen können. Dabei sind in Einzelstudien teilweise respektable Erkenntnisse zutage gefördert worden. Aber gemessen an der Masse germanistischer Literatur sind diese Bemühungen quantitativ minimal; zudem sind diese Arbeiten verstreut und entspringen keinem verbindlichen, in einer allgemeinen Diskussion anerkannten Fragezusammenhang. Vereinzelnde Diskontinuität kennzeichnet seit den beginnenden 70er Jahren die Situation. Das bedeutet, daß ein Bericht zu diesen Vergewisserungsversuchen über die literarhistorische Tradition Deutschlands kaum das Panorama der Zeit wird zeichnen können, wie es sich der Nachwelt darstellt, er wird eher das Diagramm eines gestörten historischen Bewußtseins zeichnen müssen.

Eine vollständige Literaturaufnahme ist in diesem Heft unmöglich und auch nicht sinnvoll. Die jüngsten Publikationen werden möglichst vollständig genannt, von den älteren werden diejenigen Titel angegeben, die in spezifische Problemstellungen einführen, die bedeutsame historische oder systematische Positionen repräsentieren, die die Diskussion nachhaltig bestimmt haben oder die weiterführende Angaben machen.

›Alternative‹ Heft 36, 1964: Literatur vor Gericht. Was ist ein nationalsozialistischer Roman? Zum Fall Graff/Barthel.

K. O. *Conrady*, Gegen die Mystifikation der Dichtung und des Dichters, in: K.O.C., Literatur und Germanistik als Herausforderung, 1974, S. 97–124.

W. F. *Haug*, Der hilflose Antifaschismus. Zur Kritik der Vorlesungsreihen über Wissenschaft und NS an deutschen Universitäten, ³1970.

W. *Jens*, Völkische Literaturbetrachtung – heute, in: *H. W. Richter* (Hrsg.), Bestandsaufnahme. Eine deutsche Bilanz 1962, 1962, S. 334–350.

K. *Vondung*, Völkisch-nationale und nationalsozialistische Literaturtheorie, 1973, S. 138–195.

A. *Bartels*, Geschichte der deutschen Literatur, ¹⁶1937.

J. *Bithell*, Modern German Literature, London 1939.

P. *Fechter*, Geschichte der deutschen Literatur, 1941.

F. *Koch*, Geschichte der deutschen Dichtung, ⁶1943.

Fr. *von der Leyen*, Deutsche Dichtung in neuer Zeit, ²1927 (als Nachtrag dazu: »Die Forderung des Tages«. »Das neue Reich«. Eine Übersicht über die deutsche Dichtung der letzten Zeit (1925/30), [1931]).

W. *Linden*, Geschichte der deutschen Literatur von den Anfängen bis zur Gegenwart, 1937.

W. *Mahrholz*, Deutsche Literatur der Gegenwart. Probleme, Ergebnisse, Gestalten, ²1931.

A. *Mulot*, Die deutsche Dichtung unserer Zeit, 3 Teile, ²1944.

J. *Nadler*, Literaturgeschichte des deutschen Volkes. Dichtung und Schrifttum der deutschen Stämme und Landschaften, 4 Bde, ⁴1939–1941.

H. *Naumann*, Die deutsche Dichtung der Gegenwart. Vom Naturalismus bis zur Neuen Sachlichkeit, ⁵1931.

A. *Soergel*, Dichtung und Dichter der Zeit, Neue Folge, 2 Bde, 1927, Bd. 3: 1934.

Autorenkollektiv unter der Leitung von *H. Kaufmann*, unter Mitarbeit von *S. Schlenstedt*, Geschichte der deutschen Literatur. Vom Ausgang des 19. Jh.s bis 1917, 1974.

Autorenkollektiv unter Leitung von *H. Kaufmann* in Zusammenarbeit mit *D. Schiller*, Geschichte der deutschen Literatur. 1917 bis 1945, 1973.

A. *Bettex*, Die moderne Literatur (1885 bis zur Gegenwart), in: *B. Boesch* (Hrsg.), Deutsche Literaturgeschichte in Grundzügen, Bern ³1967, S. 407–485.

Cl. *David*, Von R. Wagner zu B. Brecht. Eine Geschichte der neueren deutschen Literatur, 1964 (deutsche Ausgabe von: L'Epoque Bismarckienne et l'Allemagne Contemporaine, Paris 1959 [vgl. auch noch unter *Robertson/Purdie*]).

H. A. und E. *Frenzel*, Daten deutscher Dichtung. Chronologischer Abriß der deutschen Literaturgeschichte, 1953 u. ö.

G. *Fricke* u. M. *Schreiber*, Geschichte der dt. Dichtung, ¹⁶1974.

H. J. *Geerdts*, Deutsche Literaturgeschichte in einem Band, ²1968.

W. *Grenzmann*, Deutsche Dichtung der Gegenwart, 1953.

G. *Hartung*, Über die faschistische Literatur; WB XIV, 1968, S. 474–542, Sonderh. 2, S. 121–159, S. 677–707.

W. *Höllerer*, Zwischen Klassik und Moderne, 1958.

K. A. *Horst*, Die deutsche Dichtung der Gegenwart, 1957.

K. G. *Just*, Von der Gründerzeit bis zur Gegenwart. Geschichte der deutschen Literatur seit 1871, Bern 1973.

H. *Kaufmann*, Krisen und Wandlungen der deutschen Literatur von Wedekind bis Feuchtwanger, ²1970.

V. *Lange*, Modern German Literature 1870–1940, Ithaca N.Y. 1945.

F. *Martini*, Deutsche Literaturgeschichte. Von den Anfängen bis zur Gegenwart, ¹⁶1972.

J. G. *Robertson* und E. *Purdie*, Geschichte der deutschen Literatur. Mit einem Beitrag von Cl. *David*: Die zeitgenössische Literatur 1890 bis 1945, Vorwort von W. *Killy*, 1968.

Th. C. van *Stockum* und J. van *Dam*, Geschichte der deutschen Literatur, Bd. II: Vom 18. Jh. bis zur Gegenwart, Groningen ²1954.

G. v. *Wilpert*, Deutsches Dichterlexikon, 1963.

(Wenigstens anmerken muß man, daß sich die dichterische Literatur sehr viel intensiver mit diesem Bereich der deutschen Geschichte beschäftigt hat als die Literaturwissenschaft; vgl. z. B.: *R. Baum-*

gart, Unmenschlichkeit beschreiben, in: R. B., Literatur für Zeitgenossen, 1966, S. 12–36; *H. Geiger*, Widerstand und Mitschuld. Zum deutschen Drama von Brecht bis Weiss, 1973; *W. Mittenzwei* (Hrsg.), Theater in der Zeitenwende, Bd. II, 1972, S. 111–129; *W. Vosskamp*, Literatur als Geschichte? Überlegungen zu dokumentarischen Prosatexten von Kluge, Stiller und Kühn, in: Basis IV, 1973, S. 235–250.)

Ehe sich allerdings die literaturwissenschaftliche Forschung konzentriert der völkisch-national-konservativen und national-sozialistischen Literatur in Deutschland zuwendet, wäre sehr eindringlich nach den *Erkenntniszielen,* auf die hingearbeitet werden muß, und nach den *Interessen* zu fragen, die diese Arbeiten leiten sollen; denn es kann ja nicht darum gehen, mit den altgewohnten Fragestellungen und bewährten Methoden ein beliebiges Loch in unserer Kenntnis von der literarischen Tradition in Deutschland zu schließen. Für eine mögliche Forschung über die Literatur des III. Reichs gilt dasselbe, was P. Laemmle in Hinsicht auf die Situation der bereits etablierten Exilforschung einwirft: »Die eigentlichen Probleme beginnen erst mit der Frage nach dem Forschungsziel und dem dabei einzuschlagenden Weg.« (›Akzente‹ XX, 1973, S. 509) Nur wenn man bereit ist, die völkisch-national-konservative und nationalsozialistische Literatur aus ihrer etikettierten Isolation zu lösen, nur wenn man umgekehrt konzediert, daß sie ein integrierter Teil der einen deutschen Literaturtradition ist und sich nicht säuberlich daraus isolieren läßt, nur wenn man gewillt ist, aus dieser Auseinandersetzung heraus Literatur unter den historischen Bedingungen der Gegenwart überhaupt in Frage zu stellen – und zwar über eine unmittelbar erkennbare politische Verquickung hinaus –, kann es sinnvoll sein, sich mit diesem Komplex zu beschäftigen. Hier geht es nicht um eine Handvoll Parteidichter, es geht um die gesamte Lebenspraxis der in Deutschland am Literaturprozeß Beteiligten. Nur so vermag Literaturwissenschaft die Forderung einzulösen, den Zwang der bestimmenden Kräfte der historischen Entwicklung aufheben zu helfen, indem sie die Zwänge bewußt macht, die eine nicht durchschaute Tradition auf das Denken der Gegenwart ausübt. Sie macht damit aus dem blinden Lauf der Dinge, der sich quasi naturhaft in die Gegenwart hinein verlängert, gewußte, d. h. angenommene oder verworfene Geschichte. Es ist leicht einzusehen, daß eine solche Forderung weder eine ›objektive Deskription‹ einer hypostasierten Realität noch eine ›kritische‹ Denunziation einer ›verfehlten‹ Geschichte genügen können. Vielmehr wäre der Gegenstandsbereich als ein Stück ›Lebensrealität‹ innerhalb eines Geschichtsprozesses darzustellen. Eine so pointierte wissenschaftliche Auseinandersetzung mit dieser Literatur könnte gegebenenfalls allerdings zur Revision der vorherrschenden Einschätzung der deutschen Literatur- und Kulturtradition der letzten 150 Jahre führen.

Die erste Aufgabe, die sich eine wissenschaftliche Beschäftigung mit diesem Komplex stellen muß, bildet der Versuch, deren *Gegenstandsbereich* angemessen zu *definieren,* denn außer, wo eindeutige politische Bekenntnisse vorliegen, herrscht über eine solche Bestimmung durchaus keine Einigkeit. Übereinstimmung findet sich allerdings von Beginn an darüber, daß es sich dabei um keine rein innerästhetische Bestimmung handeln kann; eines der Probleme, das dabei zu lösen sein wird, wird gerade die Frage sein, in welchem konkreten Zusammenhang jeweils ästhetische und außerästhetische Phänomene stehen.

Ein lediglich deskribierend-induktives Verfahren allein führt dabei nicht ans Ziel, denn hinterrücks werden der Deskription die ordnenden Kriterien, die sich zuvor dem analytischen Zugriff entzogen haben, wieder vorgegeben. (So ordnet z. B. B. Loos, »Mythos, Zeit und Tod«, 1972, Hermann Brochs »Bergroman« aus der Mitte der 30er Jahre im Wunsch, einen signifikanten historischen Bezugspunkt zu finden, dem Heidegger nach der »Kehre« zu, ohne daß ihr in den Sinn käme, daß solche nachbarlichen Wege Holzwege sein könnten, weil der gewählte Bezugspunkt selbst der historisch-kritischen Analyse bedarf.)

Allerdings stößt auch eine klassifizierend-deduktive Verfahrensweise auf Schwierigkeiten; diese sind formaler wie inhaltlicher Natur. Die übergreifenden bezeichnenden Kategorien werden nicht literaturwissenschaftsimmanent zu gewinnen sein, sondern müssen – worauf ja bereits die bislang verwendeten Termini ›völkisch‹, ›national‹, ›konservativ‹, ›nationalsozialistisch‹ hindeuten – in politik- und gesellschaftswissenschaftlichen Bestimmungsversuchen erfolgen. In diesen im wesentlichen ›handlungswissenschaftlich‹ orientierten Disziplinen kommt der Literatur aber nur eine periphere Bedeutung zu (auch wenn neuere literaturwissenschaftliche Theorien, vermittelt über den Kommunikationskontext, stärker auf die handlungsorientierten Aspekte von Literatur aufmerksam machen). Deswegen sind politik- und gesellschaftswissenschaftliche Erkenntnisse nur partiell für die Bestimmung und Analyse dieser zumeist nur vermittelt in Handlungszusammenhänge eingebundenen Literatur ergiebig, während wesentliche literarische und selbst ideologische Komplexe nicht angemessen erfaßt werden.

Neben diese formalen Schwierigkeiten, die bedacht werden müssen, treten dann inhaltliche. Die im Bereich von Politologie und Gesellschaftswissenschaften entwickelten Begriffsbestimmungen sind in erster Linie systematisch generalisierende (und erst in zweiter Linie historisch-individualisierende). Im Zusammenhang der Versuche, den Begriff Faschismus zu bestimmen und systematisch zu entfalten, bekommen literarische Texte nur zu leicht die Funktion, bestimmte Ausfaltungsstadien im Faschismusbegriff belegen zu müssen. Der historische Text ist dann allein im Hinblick auf die Systematik der Begriffsbildung interessant, und umgekehrt schlüsselt die Begriffsdefinition den Text nur so weit auf, wie dieser Generelles enthält, während sich sein Spezifisches dem Zugriff entzieht. Und ein weiteres Moment bleibt dabei zu bedenken: der literarischen Analyse wird vermittels der politologischen und gesellschaftswissenschaftlichen Begriffsbestimmungen sogleich ein deutendes Koordinatennetz vorgegeben: die einschlägige Literatur erscheint funktional in politische und gesellschaftliche Handlungsstrategien inkorporiert, d. h. sie wird über die vorgelieferten Begriffsdefinitionen in Wesentlichem zu Propagandaliteratur im Dienste von politischen und gesellschaftlichen Kräften erklärt; und umgekehrt entgleitet alle Literatur, die sich solcher Funktionalisierung zu entziehen scheint, dem Zugriff. So wird es dann schwer, etwa Stefan George, Gustav Frenssen oder Emigrantenliteratur in den angemessenen Zusammenhang zu stellen. Literaturwissenschaft kann hier direkte Hilfe nur erwarten, wo sie mit ihren Fragen unmittelbar in die Sphäre politischen Handelns zielt, also im wesentlichen auf den Gebieten der Kulturpolitik, der Massenmanipulation und der Propaganda.

Sich den außerliteraturwissenschaftlichen Begriffsbestimmungsversuchen zuzuwenden, erscheint aber nicht nur in Hinsicht auf die Objekte der wissenschaftlichen Arbeit unumgänglich, es ist auch in Hinsicht auf die Einschätzung der bisherigen wissenschaftlichen Auseinandersetzungen mit diesem Komplex notwendig. Denn allen bislang versuchten Erörterungen liegen (meist unausgesprochen) relativ genau zu bestimmende Begriffe von ›Faschismus‹, ›Konservatismus‹ oder ›Nationalismus‹ zugrunde, die sehr stark vom jeweiligen Stand der ›Faschismusdiskussion‹ abhängig sind.

Ein Hinweis darauf kann hier nicht anders als nur kursorisch ausfallen, denn die Beschäftigung mit ›Faschismustheorien‹, ›Konservatismusforschung‹ etc. ist in den letzten zehn, fünfzehn Jahren selbst eine Wissenschaft geworden. Zunächst bleibt festzustellen, daß es keine einheitliche Theoriebildung gibt; es gibt Teiltheorien (aus dem Bereich der Faschismus-, Konservatismus- und Totalitarismusforschung), und es gibt für jeden Bereich mehrere, sehr unterschiedlich formulierte Theorien. Für die hier in Frage stehenden Sachbereiche ist dabei die Faschismusforschung von der größten Bedeutung. Deren Theoriebildungen differieren aufgrund der bevorzugten Methoden, im Hinblick auf den historisch-politischen Kontext, in dessen Zusammenhang sie entworfen worden sind, und schließlich in Hinsicht auf die systematische Ausfaltung des Begriffs, die von den unterschiedlichen politisch-ideologischen Positionen abhängt, von denen aus die Begriffsentwürfe versucht wurden.

Methodisch gesehen, verfährt die Faschismusforschung bislang noch wenig differenziert. Sie benutzt, ohne sehr zu scheiden, genetische Ansätze (also Ansätze, die nach Gründen und Bedingungen der Entstehung des Faschismus fragen), funktionale Ansätze (also Ansätze, die nach der Bedeutung des Faschismus innerhalb des globalen Gefüges der modernen Industriegesellschaft fragen) und phänomenologische Ansätze (also Ansätze, die nach dem ›Wesen‹ und nach der Struktur des Faschismus fragen). Die verschiedenen Richtungen innerhalb der Faschismusdiskussion lassen sich allerdings nach methodischen Verfahrensweisen nicht signifikant scheiden; man kann allenfalls gewisse Präferenzen für die einzelnen methodischen Ansätze erkennen (so in den marxistischen Richtungen für funktionale Ansätze, in den liberalen und konservativen für genetische und phänomenologische).

Die innerhalb der ›Faschismusdiskussion‹ vorgetragenen ›Faschismustheorien‹ lassen sich sehr stark nach *historischen* Gesichtspunkten differenzieren, denn diese Diskussion ist in keiner ihrer Phasen eine allein ›wissenschaftliche‹ gewesen, sondern immer Teil der jeweiligen politischen Auseinandersetzungen; so ist deren Entwicklung konstitutiv in die Formulierungen der verschiedenen Faschismustheorien eingegangen. Das gilt bereits für die von K. Marx vorgenommene Analyse des ›Bonapartismus‹ (»Der achtzehnte Brumaire des Louis Bonaparte« 1851/52), die der späteren, marxistisch inspirierten Faschismusdiskussion wichtige Elemente vorgeliefert hat; dort wird der ›Bonapartismus‹ als eine Verselbständigung der Exekutive bei prinzipieller Beibehaltung der bürgerlich-kapitalistischen Gesellschafts- und Produktionsordnung beschrieben, der die politisch korrumpierten Kleinbauern und Gewerbetreibenden die Massenbasis gaben. – Die Faschisten selbst steuerten nach 1918 zur Faschismustheorie allein den Namen ›Faschismus‹ bei. Bis Mitte der 20er Jahre war die Diskussion sehr uneinheitlich, weil der antifaschistische Kampf sehr uneinheitlich geführt wurde. So deutete der italienische Reformist G. Zibordi den italienischen Faschismus aus der spezifischen italienischen Situation als eine antisozialistische Koalition des Kleinbürgertums, die sich als Revolte gegen ›das Kapital‹ verstand, sich aber gleichwohl von diesem in Dienst nehmen ließ. Hier ist zum ersten Mal die bemerkenswerte Diskrepanz zwischen den Interessen der Klassen und Schichten, die die Massenbasis des Faschismus bilden, und den (zumindest anfänglichen) Nutznießern des Faschismus beobachtet. Für die Literaturwissenschaft, die sich gerade mit den ideologischen Manifestationen historischer Prozesse beschäftigen muß, ist diese Feststellung von großer Wichtigkeit. – Noch in der zweiten Hälfte der 20er Jahre galt der eigentliche Faschismus als spezifisch italienisches Phänomen; für die Kommunisten waren die Sozialdemokraten (die ›Sozialfaschisten‹) die wirklichen Gegner. Erst nach dem Waterloo der Arbeiterparteien 1933 greift eine Veränderung Platz, die dann in die ›Volksfrontpolitik‹ mündet, das erstrebte Bündnis aller Antifaschisten von der Linken bis zu den bürgerlichen Liberalen. In diesem Zusammenhang formuliert G. Dimitroff die im orthodoxen Marxismus-Leninismus im Prinzip bis heute vertretene These, Faschismus und bürgerlicher Kapitalismus seien am Ende identisch. Dieser Deutung entzieht nach 1945 der ›Kalte Krieg‹ in Westdeutschland die Basis, während sie in der DDR – mit einigen Modifikationen – weiterhin gilt. Nun wurden kommunistische und überhaupt ›linke‹ Theoriebildungen entschieden zurückgedrängt; offiziell dominierten geschichtsmetaphysische und kulturkritische Anschauungen aus konservativem Geist und die liberale ›Totalitarismustheorie‹, die Faschismus und Kommunismus (speziell den ›Stalinismus‹) identifizieren. Seit der Periode des ›Tauwetters‹ einerseits und der vollendeten Etablierung der Bundesrepublik andererseits hat die Faschismusdiskussion – trotz Vietnam und Chile – an theoretischer Brisanz verloren. Von großer Bedeutung sind nun E. Noltes Buch »Der Faschismus in seiner Epoche« sowie die westdeutsche und amerikanische Zeitgeschichtsforschung. Seit den ausgehenden 60er Jahren dringen neomarxistische Vorstellungen mehr und mehr in die Zeitgeschichtsforschung ein; man kann beobachten, daß sich die Faschismustheoriediskussion auf der einen Seite ›verwissenschaftlicht‹, daß der Ausdruck ›Faschismus‹ aber auf der anderen Seite zu einem unspezifischen, emotionalen Schimpfwort für alle möglichen Übel der nichtkommunistischen und nichtsozialistischen Gesellschaften aufweicht. Literaturwissenschaftliche Arbeiten seit den späten 60er Jahren zeigen auf den ersten Blick gern eine stark marxistische Orientierung; allerdings wird hinter dieser Fassade eines marxistischen Verbalismus zumeist immer noch nach geistesgeschichtlichen Verfahrensweisen mit allenfalls radikaldemokratischer Grundhaltung gearbeitet; die Impulse zu solchen Vorstellungen sind in ihren Grundlinien durchweg älteren Datums. Diese Konstellation findet ihren Grund z. T. wohl darin, daß es sich in erster Linie um Verfasser aus dem soziokulturell charakteristischen akademischen Milieu handelt, die zudem unter dessen spezifischen Anpassungszwängen schreiben (es finden sich viele Dissertationen und Jungakademikerarbeiten unter diesen Bemühungen); wegen der drückenden Dominanz der soziologischen Disziplinen werden auch die angedeuteten Schwierigkeiten, Vorstellungen der Politik und Gesellschaftswissenschaften auf literarische Gegenstände zu übertragen, nur mühevoll gemeistert. – Dieser Befund zwingt dazu, auch die über den jeweils benutzten Faschismusbegriff in den allgemeinen Diskussionsgang vermittelten literaturwissenschaftlichen Arbeiten im Zusammenhang der politischen Entwicklung zu sehen.

Schließlich lassen sich die einzelnen Positionen innerhalb der Faschismusdiskussion *systematisch* differenzieren, wobei für diese Differenzierung – wie gezeigt – historische Determinanten angegeben werden können. Die mögliche Systematisierung ergibt sich aus den politisch definierten Positionen, von denen aus jeweils versucht wird, den Begriff ›Faschismus‹ zu bestimmen. Der Faschismus selbst hat es nie zu einer geschlossenen Theorie seiner selbst gebracht, obwohl es an Versuchen dazu und an Bestrebungen, die Reinheit der Lehre zu verteidigen, nicht gemangelt hat. Der Faschismus bleibt vor allem in seiner gesellschaftlichen Programmatik vage, und das nicht nur aus taktischen Gründen. Er ist – auch in seinen jeweils nationalen Formen – zu heterogen für solche Entwürfe. E. Noltes »generalisierende und autonomistische, transpolitische und phänomenologische« (Nolte) Interpretation vertritt quasi einen solchen Selbstentwurf. Danach ist der Faschismus eine antimarxistische Ideologie, die ähnliche Methoden der Herrschaftsausübung und

-sicherung anwendet wie der Marxismus, diese aber charakteristisch umprägt; er bewege sich im Rahmen nationaler Autonomie; der radikale Faschismus (also der deutsche Nationalsozialismus) wird bestimmt als der Todeskampf antagonistischer Gruppen. Sein ›philosophischer‹ Impuls sei auf die Verhinderung aller praktischen oder ideellen Veränderungen der momentanen geschichtlichen Situation gerichtet. Dieser ›phänomenologische‹ Ansatz ist für die Literaturwissenschaft besonders bedeutsam, weil er sich vor allem auf die ›Weltanschauung‹ des Faschismus richtet, auf die Eigeninterpretation der historischen und gesellschaftlichen Erfahrungen also; er findet seine Grenze vor allem darin, daß er die gesellschaftlichen, ökonomischen und politischen Zusammenhänge aus der Reflexion ausblendet, also eine über die Beschreibung von (literarisch fixierten) Bewußtseinspositionen hinausreichende Analyse und Kritik verweigert.

Welchen Fortschritt Noltes Ansatz gerade für die – minimale – literaturwissenschaftliche Forschung bedeutet hat, läßt sich erst recht ermessen, wenn man ihn vor dem Hintergrund der Entwürfe sieht, die von konservativen Positionen aus vorgelegt werden. Von Theorien im eigentlichen Wortsinn wird man bei der konservativen Reserve gegenüber Theorieentwürfen nicht recht sprechen können. Im Gefüge des konservativen bipolaren Geschichtsbilds erscheint Hitler z. B. für H. Rauschning als ein machtbesessener Super-Principe, nach P. E. Schramm stellt er sogar eine Inkarnation des ›Dämonischen‹ in seiner satanischen und infernalischen Variante dar (»Der Spiegel« v. 4. 3. 1964); 1933 wird als Einbruch dieses Satanischen in die deutsche Geschichte, als ›Katastrophe‹ gedeutet. Ernster zu nehmen sind solche konservativen Begriffserläuterungen dort, wo sie sich, von kulturkritischen Impulsen getragen, zur Kritik der modernen Industriewelt aufschwingen. Faschismus (und Kommunismus) erscheinen als Stadien einer moralischen und psychologischen Massenverelendung unter den Bedingungen des modernen liberal-kapitalistischen Industriezeitalters und seinen ›entwurzelnden‹, ›zivilisatorischen‹, d. h. a-kulturellen Geisteshaltungen. Hier wird die faschistische Literatur als seelisches Produkt eines moralischen Zerfallsprozesses innerhalb der modernen Industriewelt erklärt. J. Ortega y Gassets »La rebelión de las masas« (1930), A. L. Huxleys »Brave New World« (1932) oder G. Orwells »Nineteen Eighty-Four« (1948) sind bedeutsame Bucherfolge im Nachkriegsdeutschland geworden. Während viele deutsche Konservative das Jahr 1933 als den Einbruch des ›Satanischen‹ in die deutsche Geschichte, als ›Katastrophe‹ zu deuten geneigt waren, sahen viele ausländische konservative Kritiker Deutschlands umgekehrt den Nationalsozialismus als das notwendige Produkt der deutschen Geschichte; Wilhelm II., Bismarck, Friedrich II. v. Preußen und am Ende Luther wurden als Personifikationen dieses Weges der Deutschen zu Hitlers Ahnherren erklärt (Vgl. W. Hofer, ›Europaarchiv‹ vom 20. 1. 1949.) Geistesgeschichtliche Nachforschungen – besonders im Hinblick auf die nationalistischen Traditionen des 19. Jh.s – haben in der Auseinandersetzung mit solchen Thesen Impulse bekommen; dabei ging es den Konservativen – z. B. A. Mohler oder K. Schwedhelm – um eine entlastende Abgrenzung zwischen Konservatismus und Faschismus.

Für die spärlichen Aktivitäten der Germanistik auf diesem Gebiet bekommt neben der konservativen die (neo)liberale Faschismustheorie Bedeutung: Unter dem Vorzeichen der ›Totalitarismustheorie‹ werden Kommunismus und Faschismus ungeschieden als radikale Negationen der liberalen Ideale und der (angeblichen) Realität des liberal-bürgerlichen Staats bestimmt: monolithischer Machtapparat der zentralen Gewalt (statt Polyzentrismus konkurrierender Mächte), zentral gelenkte Planwirtschaft (statt individuell organisiertem Markt freier Wirtschaftsindividuen), hierarchischer Machtapparat (statt parlamentarisch kontrollierter Exekutive), Terror und Propaganda zur Herstellung einer Massenzustimmung (statt öffentlicher Willensbildung mit Minderheitenschutz). Dabei sind der Propaganda- und Massenmanipulationsapparat des nationalsozialistischen Staats (H.-J. Gamm, D. Strothmann, H. Brenner, J. Wulf, D. Aigner) sowie das Pressewesen (J. Hagemann, E. Martens, J. Nolte, H.-J. Kliesch) unter literaturwissenschaftlichem Blickwinkel von besonderem Interesse. Neben solcher Beschäftigung mit der Struktur des nationalsozialistischen Staats dominiert bei den Liberalen – hier angelehnt an die Konservativen – ein Nachdenken über eine »verfehlte« deutsche Geschichte, wobei dem geschichtlichen Fortschritt in den anglo-französischen Demokratien die Kontinuität der »Zurückgebliebenheit« der deutschen Verhältnisse entgegengehalten wird. (Daß die konservativen wie liberalen Erklärungen des Faschismus nicht zum wenigsten auch exkulpierende Funktion im Prozeß der ›Vergangenheitsbewältigung‹ gehabt haben, bleibt zu erwähnen, wenn man von ihrer durchgängigen Beliebtheit berichtet!)

Vor dem literaturwissenschaftlichen Untersuchungshorizont tauchen – vermittelt über den allgemeinen Diskussionsstand in Westdeutschland – verschiedene Richtungen der marxistischen Faschismustheoriebildung auf. Deren Rückgrat gewissermaßen bildet die orthodoxe marxistisch-leninistische, von G. Dimitroff 1933 auf dem 13. Plenum des Exekutivkommittees der Kommunistischen Internationale formulierte These, der Faschismus sei »die offen terroristische Diktatur der am meisten reaktionären, chauvinistischen und imperialistischen Elemente des Finanzkapitals«. Als Agent des Finanzkapitals (daher auch die Bezeichnung ›Agententheorie‹) ist der Faschismus für sich selbst nichts; eine Funktionsanalyse, nicht etwa eine ›phänomenologische‹ Beschreibung steht deswegen im Mittelpunkt dieses Ansatzes. Daneben spielt der von A. Thalheimer formulierte Ansatz (»Über den Faschismus« 1930) in der westdeutschen Diskussion eine Rolle, demgemäß der Faschismus – wie der ›Bonapartismus‹ – gekennzeichnet ist durch eine »Verselbständigung der Exekutive, die politische Unterwerfung aller Massen, einschließlich der Bourgeoisie selbst unter die faschistische Staatsmacht bei sozialer Herrschaft der Großbourgeoisie und der Großgrundbesitzer«. (Thalheimer) Daneben wurde – besonders in Affinität zur ›Frankfurter Schule‹ – W. Reichs These (»Massenpsychologie des Faschismus« 1933) rezipiert, wonach der Faschismus eine Verdrängungsideologie vor allem der in der bürgerlich-kapitalistischen Gesellschaft sexuell unterdrückten Kleinbürgermassen sei; eine Anwendung auf eine Analyse der ungemein auffälligen sozialpsychologischen Strukturen faschistischer Erzählwelten ist allerdings noch nicht ernsthaft versucht worden. (Vgl. M. Nerlich, »Der Herrenmensch bei J.-P. Sartre und H. Mann«, ›Akzente‹ 16, 1969, S. 460–479 – zu faschistisch deformierten Gestalten in Romanen der ›Moderne‹.) Ein gewisses Echo fand schließlich H. Marcuses Deutung (»Der Kampf gegen den Liberalismus in der totalitären Staatsauffassung« 1934), es sei »der Liberalismus selbst, der den total-autoritären Staat aus sich ›erzeugt‹: als seine eigene Vollendung auf einer fortgeschrittenen Stufe der Entwicklung«. Sie war die zeitweilig heftig diskutierte Basis der Kritik Marcuses an der hochindustrialisierten Gesellschaft spätbürgerlicher wie sozialistischer Observanz. Diese älteren Theorien gaben seit Mitte der 60er Jahre der marxistisch fundierten Faschismusdiskussion die Leitlinien vor.

Dieser Aufriß zeigt nicht nur, daß Veränderungen innerhalb der Diskussion über den Faschismus Konsequenzen für das literaturwissenschaftliche Arbeiten haben müssen, er macht auch deutlich, wie literaturwissenschaftliche Bemühungen zu diesem Thema immer und notwendig politische Positionen implizieren. Der Frage nach ›außerwissenschaftlichen‹ Motivationen wissenschaftlicher Arbeit kann nicht länger ausgewichen werden.

Bereits ein knapper Blick zeigt, daß diese politologischen und sozialwissenschaftlichen Versuche, den Begriff ›Faschismus‹ zu definieren, nicht ohne weiteres von der Literaturwissenschaft zu übernehmen sind (oder doch nur dort, wo Literatur unmittelbar als Medium politischen und gesellschaftlichen Handelns ins Blickfeld gerät). Dennoch hat die Faschismusdiskussion für die literaturwissenschaftliche Arbeit immense Bedeutung: sie trägt dazu bei, den Stoffbereich historisch und strukturell überhaupt zu definieren, sie sprengt die traditionelle werkbezogene Objektbestimmung der Literaturwissenschaft und verweist diese auf die politischen und gesellschaftlichen Konstellationen, sie erweitert zumindest partiell die Vorstellungen von der literatursoziologischen Vermittlung literarischer Texte über den Begriff der bloßen Funktionalität hinaus, sie eröffnet der Literaturanalyse eine kritische Geschichtskonzeption, sie unterwirft Literaturwissenschaft noch anderer als wissenschaftsimmanenter Kritik. Solche methodischen Vorbestimmungen wären mit den bislang vertrauten und deshalb als genuin literaturwissenschaftlich akzeptierten geistesgeschichtlichen und formalästhetischen Fragestellungen zu verbinden. Als Ergebnis einer möglichen literarhistorischen Beschäftigung mit der Literatur des III. Reichs könnte die einseitige Determination der literaturwissenschaftlichen Arbeit an diesem Komplex durch Politologie und Sozialwissenschaften zugunsten einer wechselseitigen Beeinflussung überwunden werden, insofern nämlich die Literatur dann nicht nur mehr als Beleg für ideologische Positionen gewertet würde, sondern in einer ausgefalteten Dialektik der Kultursphäre der Handlungscharakter literarischer Vorgänge im Zusammenhang der Totalität gesellschaftlicher Prozesse hervorträte.

a. Zur Faschismusdiskussion allgemein

W. Besson, Die Interpretation des Faschismus; Neue Pol. Literatur XIII, 1968, S. 306–313.

B. Blanke, Thesen zur Faschismus-Diskussion; Soz. Politik I, 1969, Nr. 3.

R. Kühnl (Hrsg.), Texte zur Faschismusdiskussion I. Positionen und Kontroversen, 1974.

E. Nolte, Die Krise des liberalen Systems und die faschistischen Bewegungen, 1968, S. 389–431.

Ders. (Hrsg.), Theorien über den Faschismus, 1967.

W. Schieder, Faschismus und kein Ende?; Neue Polit. Literatur XV, 1970, S. 166–187.

W. Wippermann, Faschismustheorien, Zum Stand der gegenwärtigen Diskussion, ²1975.

b. Zeit- und Sozialgeschichte

K. D. Bracher, Die deutsche Diktatur, Entstehung, Struktur, Folgen des Nationalsozialismus, ⁵1976.

M. Broszat, Der Staat Hitlers. Grundlegung und Entwicklung seiner inneren Verfassung, ³1973.

E. Hennig, Thesen zur deutschen Sozial- und Wirtschaftsgeschichte 1933 bis 1938, 1973.

D. Schoenbaum, Die braune Revolution. Eine Sozialgeschichte des Dritten Reiches, 1968.

H.-U. Wehler (Hrsg.), Moderne deutsche Sozialgeschichte, 1968.

c. Faschismustheorien

W. Abendroth (Hrsg.), Faschismus und Kapitalismus, 1967.

W. Alff, Der Begriff Faschismus und andere Aufsätze zur Zeitgeschichte, 1971.

M. Clemenz, Gesellschaftliche Ursprünge des Faschismus, 1972.

K.-P. Hoepke, Die deutsche Rechte und der italienische Faschismus, 1968.

E. Jäckel, Hitlers Weltanschauung. Entwurf einer Herrschaft, 1969.

E. Kogon, Der SS-Staat, ³1974.

R. Kühnl, Deutschland zwischen Demokratie und Faschismus, 1969.

S. M. Lipset, Der Faschismus – die Linke, die Rechte und die Mitte; Kölner Zeitschr. f. Soz. u. Soz.psych. XI, 1959, S. 400–444.

W. M. McGovern, From Luther to Hitler. History of Fascistic-Nazi Political Philosophy, London 1946.

E. Nolte, Der Faschismus in seiner Epoche, ⁴1971. (wicht. Rez. v. *Kühnl,* Pol. Vjs. IX, 1970, S. 318–341; *Nipperdey,* HZ CCX, 1970, S. 620–638).

H. Rauschning, Die Revolution des Nihilismus. Kulisse und Wirklichkeit im Dritten Reich, ²Zürich 1964.

G. Schulz, Faschismus – Nationalsozialismus. Versionen und theoretische Kontroversen, 1974.

H. A. Turner, Faschismus und Kapitalismus in Deutschland, 1972.

Aufsätze in der Zeitschrift ›Das Argument‹, Hefte: Faschismus-Theorien I–VI (Nr. 30 [1964], 32 [1965], 33 [1965], 41 [1966], 47 [1968], 58 [1970]).

d. Totalitarismusforschung

M. Greiffenhagen, R. Kühnl, J. B. Müller, Totalitarismus. Zur Problematik eines Begriffs, 1972.

E. *Lemberg*, Ideologie und Gesellschaft. Eine Theorie der ideologischen Systeme, ihrer Struktur und Funktion, 1971.

P. *de Mendelssohn*, Der Geist in der Despotie. Versuche über die moralischen Möglichkeiten des Intellektuellen in der totalitären Gesellschaft, 1953.

B. *Seidel* u. S. *Jenkner* (Hrsg.), Wege der Totalitarismusforschung, 1968.

e. Konservatismusdiskussion

K. *Epstein* (Hrsg.), Die Ursprünge des Konservatismus in Deutschland, 1973.

M. *Greiffenhagen*, Das Dilemma des Konservatismus in Deutschland, 1971.

G.-K. *Kaltenbrunner* (Hrsg.), Die Herausforderung der Konservativen. Absage an Illusionen, 1974.

Ders. (Hrsg.), Konservatismus International, 1973.

Ders. (Hrsg.), Rekonstruktion des Konservatismus, 1972.

II. Abgrenzung der deutschen völkisch-national-
konservativen und nationalsozialistischen Literatur
innerhalb des deutschen und europäischen Kontextes

Das erste Problem, an dem sich die mögliche Gegenstandsbe-
stimmung unter den Vorzeichen der Faschismusdiskussion er-
proben muß, ist die Frage der Abgrenzung einer völkisch-national-konservativen und nationalsozialistischen Literatur im
Kontext der deutschen und europäischen Literaturproduktion.

Am offensten hat sich dieses Problem unter seinem *historischen Aspekt* gestellt. Es geht dabei um eine Einschätzung des
Jahres 1933. Die Diskussionen darüber haben ihre Brisanz heute nahezu eingebüßt, aber bis in die beginnenden 60er Jahre
hinein wurde in Westdeutschland verstanden, wer vom Jahr
1933 als der ›Katastrophe‹ sprach. Man überinterpretiert diese
Metapher nicht, wenn man an ihrem Gebrauch die Vorliebe
für eine a-historische Deutung der Ereignisse erkennt: die offene Herrschaft des Faschismus in Deutschland wird damit als
ein quasi naturhafter, mythischer Vorgang hingestellt, der von
außen hereingebrochen und dessen Gewalt zu erdulden gewesen
sei. Diese Haltung versteckt sich zumeist hinter mikrologischen
Detailuntersuchungen. Sie mußte für die Literaturgeschichtsschreibung von weitreichender Bedeutung sein. Wo ein Loch
klafft, kann nichts berichtet werden, galt als Devise. F. Martini
braucht in seiner Literaturgeschichte eine halbe Seite für seine
Ausführungen über das III. Reich, wobei nur die Namen von
G. Schumann, H. Böhme, H. Anacker, H. Menzel, E. W. Möller
und H.-J. Nierentz und einschränkend auch der von
G. Hauptmann fallen. D. h. unter den Begriff fällt nur die
›Parteiliteratur‹, alles andere, was zwischen 1933 und 1945 an
deutscher Literatur geschrieben worden ist, steht in einem lei-
denden Verhältnis zu den politisch bestimmenden Strömungen,
ist allenfalls usurpiert. Martinis Resümee umfaßt einen einzigen
Satz: »Die Diktatur bedeutete eine Verarmung an eigenwilli-
gen Energien, eine Isolierung des Schrifttums, die von Jahr zu
Jahr wuchs und eben im Werden begriffene Entwicklungsfor-
men zerstörte.« (»Deutsche Literaturgeschichte«, 13. Aufl.,

S. 612). Das ganze Gewicht solcher Knappheit des Berichts ermißt man erst, wenn man deren Funktion in der Nachkriegszeit bedenkt: Wenn die Literatur des III. Reichs ein aus der gesamten Tradition ausgeschlossenes Phänomen ist (und ein so minimales dazu), dann nötigt sie kaum zu einer Revision des Bildes von der deutschen Literaturgeschichte insgesamt. Sie bleibt spurenlos in jeder Hinsicht, und die gute deutsche Tradition präsentiert sich zwar ramponiert, aber sauber!

Solcher a-historischen Geschichtsdeutung – zumeist aus konservativem Lager – steht eine dezidierte historische Einschätzung des III. Reichs und seiner Literatur gegenüber, deren Impulse wesentlich vom Ausland und von Emigranten gekommen sind, die sich aber seit der Mitte der 60er Jahre allgemein durchgesetzt hat. Sie wird in zwei zunächst getrennten, sich seit den frühen 70er Jahren aber annähernden Richtungen formuliert: als geistesgeschichtliche und als sozialgeschichtliche. Wegen der Situation in Westdeutschland fand zunächst die geistesgeschichtliche Interpretation Gehör, und sie ist für die literaturwissenschaftlichen Auseinandersetzungen bislang auch die nachhaltigste geblieben. Der Nationalsozialismus wird wesentlich als eine ›Weltanschauung‹ begriffen und als solche in die Tradition des deutschen Denkens gestellt.

Diese geistesgeschichtliche Interpretation hatte zwei inhaltliche Bezugspunkte: die zwanziger Jahre und die bürgerliche Tradition des 19. Jh.s. Dahinter stehen durchaus divergierende Interessen. Längere Zeit verfolgte die Beschäftigung mit den 20er Jahren unter dem Stichwort ›konservative Revolution‹ die Intention, den Nationalsozialismus und seine wenigen offenen literarischen Bekenner (wie D. Eckart, E. G. Kolbenheyer, H. Johst oder E. W. Möller) aus den konservativen Gruppierungen der verschiedensten Schattierungen zu isolieren und den Konservatismus als eine Möglichkeit, die Probleme der Gegenwart zu erfassen, über den Graben 1933–1945 hinwegzuretten; wobei das Scheitern solcher Anstrengungen ex negativo die These ins Wanken geraten ließ, 1933 verzeichne die deutsche Geschichte einen Bruch. Hinter der geistesgeschichtlichen Beschäftigung mit den Entwicklungen des 19. Jh.s verbirgt sich nur zu leicht das liberale Interesse, die ›gute‹ Tradition vor ihren ›Ausartungen‹ zu sichern. Zwar wird der Nationalsozialismus als Ergebnis einer deutschen Fehlentwicklung im 19. Jh. interpretiert, aber doch daraus nicht der Schluß gezogen, die offene Herrschaft des Faschismus in Deutschland diskreditiere den bürgerlichen Liberalismus insgesamt. Lange galten die westeuropäischen Staaten und die USA als Garanten der Möglichkeit einer glücklichen Version des bürgerlichen Liberalismus. Erst die qualvolle Endphase des Vietnamkriegs und die weltweite ›Studentenrevolte‹ brachen diesen ungetrübten Optimismus.

Für die Literaturwissenschaft im engeren Sinn freilich sind die Folgerungen gering geblieben. Die Kritik an der deutschen Geistesgeschichte unter dem Stichwort ›Präfaschismus‹ blieb gelegentlich und sporadisch. Punktuelle Kritik z. B. an der antifranzösischen Tendenz der Literatur des ›Freiheitskriegs‹, an der Konservativität eines A. Stifter, an der patriotischen Epigonalität eines Geibel, am deutschen Mythos vom ›faustischen‹ Menschen, an Storms übermenschlichem Hauke Haien, an der stadtfeindlichen Landbegeisterung, an Nietzsches ›Willen zur Macht‹ wurde geübt; gelegentlich sind auch die Denkmäler vor allem nach 1945 favorisierter ›Moderner‹ wie St. George, H. Broch, G. Kaiser oder J. Roth angekratzt worden. An kritischen, teils provokanten Aktivitäten über die Jahre hin hat es nicht gefehlt, zu zusammenhängenden Analysen ist es indes bislang noch nicht gekommen. Mangelnde historische Kenntnisse, eine auf Freund-Feind-Positionen fixierte Haltung, eine auf Einzelinterpretation oder Oeuvreanalyse eingeschworene Methodik, eine sich an geistesgeschichtlicher Generalharmonisierung von ›Epochen‹ befriedigende Erwartungshaltung und eine unkritische Selbstlokalisation im Kräftegefüge der deutschen Geschichtstradition dürften die hauptsächlichen Gründe für diesen Mangel sein.

Eine gewisse Sonderstellung nimmt die marxistisch orientierte Literaturgeschichtsschreibung ein; stellenweise teilt sie die Unzulänglichkeiten der sporadischen geistesgeschichtlichen Kritik, wobei ihre Ansatzpunkte ein wenig anders gewählt sind: die Romantik und F. Kafka haben lange Zeit im Zentrum der historischen Kritik marxistischer Observanz gestanden. Im ganzen ist allerdings das Interesse vor allem der DDR-Germanistik gegenüber der Geschichte der bürgerlichen Literatur des 19. und beginnenden 20. Jh.s gemäß ihrer eigenen Situation der Traditionssuche ein ganz anderes als das der westdeutschen Germanistik: es geht ihr nicht in erster Linie um ›Säuberung‹ der Tradition, es geht ihr umgekehrt vor allem um eine kritische Analyse dessen, was unter der Perspektive einer historisch-materialistischen Kritik als ›Erbe‹ Gültigkeit haben könnte. Der Beitrag der materialistisch-marxistischen Literaturwissenschaft zur Diskussion über die Bedeutung des Jahres 1933 ist vor allem methodologischer Natur: gemäß ihren Prämissen kann sie die Kritik der faschistischen Literaturtradition nicht allein als Kritik an literarischen Haltungen und rein-geistigen, ›weltanschaulichen‹ Positionen verstehen, sie projiziert diese vielmehr in den .Zusammenhang der gesellschaftlich-ökonomischen Prozesse und versteht sie als Funktion davon. Der große, umfassende Versuch auf dieser Grundlage, der von G. Lukács, handhabe diesen Ansatz allerdings mit so brachialer Direktheit, daß er in Westdeutschland nur zu leicht zu ignorieren war. Die ›bürgerlich-irrationalistische‹ Philosophie und Literatur wird von Lukács generell zu einer antimarxistischen erklärt; da mit der fortschreitenden ökonomisch-gesellschaftlichen Entwicklung die marxistische Position immer wirklichkeitsadäquater werde, muß die bürgerliche mit definitorischer Unausweichlichkeit immer irrationalistischer, d. h. ideologischer werden, bis sie schließlich auf dem Niveau von A. Rosenbergs »Mythus des XX. Jahrhunderts« angekommen ist.

Erst relativ spät, gegen Ende der 60er Jahre, hat sich der ideologiekritische Ansatz in den westdeutschen Untersuchungen zur konservativen und faschistischen Literaturtradition nahezu generell durchgesetzt. Es ist jedenfalls eindeutig, daß unter solchen Vorzeichen das Jahr 1933 keine einschneidende Zäsur mehr setzt; die nach 1933 produzierte Literatur ist Teil der bürgerlich-deutschen Literatur- und Kulturtradition, weil die politisch-gesellschaftlichen Ereignisse zwischen 1933 und 1945 einen unauslöschbaren Platz in der deutschen Geschichte haben. Die eigentlich historisch-kritische Arbeit beginnt allerdings erst jenseits dieser Erkenntnis, wenn nämlich nach der Art der Zusammenhänge der offen-faschistischen Literatur mit der vorfaschistischen und nach den möglichen Unterscheidungen innerhalb dieses Komplexes gefragt wird. In Umkehrung der vorausgegangenen Tendenzen zeigt sich nun die Gefahr, die ideologische Ebene nicht mehr ernst zu nehmen, ihre Differenzierung gegenüber der einen einzigen ›objektiven‹ Situation – der Entwicklung des bürgerlichen Kapitalismus – als irrelevant zu erachten und sie ausschließlich unter dem Aspekt ihrer Funktionalität innerhalb der Machtsphäre zu sehen.

Vor diesem Hintergrund bekäme eine genauere Untersuchung des historischen Umfelds der Ereignisse von 1933 eine bedeutsame Funktion. Es wäre zu zeigen, daß auch im Kontext der pragmatischen Historie das Jahr 1933 nicht ein abrupter Abbruch der deutschen Geschichte ins Bodenlose bedeutet; denn wie man unter literarischen Gesichtspunkten die Kontinuität des Prozesses zeigen kann, so auch auf dem Gebiet der Kulturpolitik. Der beginnende machtpolitische Kampf auf dem Sektor der kulturellen Produktion in der Endphase der Weimarer Republik ist bislang nur nebenbei zusammen mit den Untersuchungen zur Kulturpolitik des III. Reichs ins Blickfeld getreten (D. Strothmann, H. Brenner). Dabei läßt sich auf dem Teilgebiet des Theaters zeigen, wie seit etwa 1930 eine wachsende offene Politisierung die allgemeine Entwicklung begleitet (G. Rühle). Oder es läßt sich am Beispiel ›Sektion für Dichtkunst der Preußischen Akademie der Künste‹ ablesen, wie die demokratischen Einrichtungen und Positionen der Weimarer Republik durchaus nicht allein unter der Kraft der Zangenbewegung radikaler Flügel zerbrachen – wie lange Zeit behauptet wurde –, sondern an den unüberwindbaren Widersprüchen innerhalb dieser Institutionen selbst (I. Jens). Im übrigen hatten jene Autoren, die nach 1933 als genuine Vertreter des III. Reichs angesehen wurden, die Zeit ihrer großen literarischen Erfolge 1933 zumeist bereits hinter sich (wie H. Grimm, E. G. Kolbenheyer, H. Johst, A. Bartels), während umgekehrt sich die Autoren, die nach 1933 bedrängt oder verfolgt wurden, bereits vor 1933 sich in Schwierigkeiten befanden (wie etwa Fr. Wolf, C. v. Ossietzky, K. Tucholsky, J. R. Becher, Th. Heuß).

Wenn sich das Jahr 1933 nicht als ein Bruch innerhalb der deutschen allgemeinen und kulturellen Geschichte deuten läßt, dann stellt sich dringlich das Problem, welche Bedeutung denn nun dieses Datum für die gesamte Kulturtradition seit dem beginnenden 19. Jh. hat; denn 1933 wirft seinen Schatten ja nicht allein auf die Jahre, die folgen, es wirft seinen Schatten weit zurück ins 19. Jh. Der Wendepunkt 1933 fordert zur Entscheidung, zur Stellungnahme heraus. Dieser kulturphilosophischen Kritik weicht die (westdeutsche) Literaturwissenschaft noch beharrlich aus. Nur einmal erst ist diese Frage konsequent gestellt, wenn auch nicht bis zu Ende diskutiert worden, als vor dem 2. Weltkrieg – ausgehend vom Bennschen Engagement für den Nationalsozialismus und zu der Konstellation einer möglichen ›Volksfront‹ – unter den Emigranten (und vor allem unter den kommunistischen) eine Diskussion über die Bedeutung des Expressionismus und der ›Moderne‹ für die weitere, nachfaschistische Literaturentwicklung geführt wurde; sie mündete allerdings in die Erstarrung des ›Antiformalismus‹.

Während die Rede vom Jahr 1933 als der ›Katastrophe‹ verstummt ist, bleibt die Gegenmetapher, die von 1945 als dem ›Zusammenbruch‹ spricht, in Westdeutschland weiter in regem Gebrauch. Die Literatur des III. Reichs gilt offiziell mit dem Jahr 1945 für endgültig versunken; nur gelegentlich tauchen gewisse Namen (etwa die von M. Barthel, H. Baumann, J. Fernau, G. Gaiser, S. Graff, Fr. Griese oder G. Schumann) kurz noch einmal auf. Im ganzen bleibt die Nachkriegsproduktion ehemaliger literarischer Größen (etwa H. Böhme, »Mit gelösten Schwingen«, 1953; H. Johst, »Gesegnete Vergänglichkeit«, 1955; oder E. W. Möller, »Frozzel-Brevier«, 1971) in der Öffentlichkeit völlig unbekannt. Die nicht unbedeutenden merkantilen Nachkriegserfolge etwa von H. F. Blunck, E. G. Kolbenheyer oder R. Lauckner werden übergangen, die Aktivitäten von E. Anrichs ›Buchkreis für Besinnung und Aufbau‹ oder von Holle Grimms ›Klosterhaus-Verlag‹ provozieren allenfalls eine Feuilletonredaktion, die literarischen Ergüsse in den ›Deutschen Nachrichten‹ ernteten höchstens ein spöttisches Achselzucken, obwohl all diese breit gestreute Publikationsaktivität entschieden weitere Leserschichten erreicht als etwa die vielbesprochene ›Avantgarde‹. Angesichts der westdeutschen Nachkriegsproduktion, die als zeitgerecht betrachtet wird, gar die Frage nach einem möglichen, von bestimmten Autorennamen abgelösten, auch modifizierten Weiterleben spezifischer Elemente der angeblich verschwundenen Literaturpraxis zu stellen, kommt einem Sakrileg gleich. Formeln von der ›Stunde Null‹ oder einer ›Kahlschlagliteratur‹ sitzen so fest, daß die literarhistorische Forschung erst äußerst mühsam Zweifel an ihrer uneingeschränkten Gültigkeit vorbingen kann (vgl. z. B. V. Wehdeking, »Der Nullpunkt«, 1971). Zu erinnern wäre schließlich daran, daß für die meisten der Emigranten das Exil 1945 noch keineswegs zu Ende war, daß die meisten in ihrer Heimat nie wieder Fuß gefaßt haben; nur denjenigen, die in der SBZ/DDR eine Alternative zur deutschen Geschichte erkennen wollten, stand eine Tür offen (und mancher überschritt auch deren Schwelle nur zögernd).

G. *Brude-Firnau* (Hrsg.), Materialien zu H. Brochs »Die Schlafwandler«, 1972.
R. *Dau*, Erben oder Enterben? J. Hermand und das Problem einer realistischen Aneigung des klassisch-bürgerlichen Literaturerbes; WB 19, 1973, H. 7, S. 67–98.
H. *Glaser*, Spießer-Ideologie. Von der Zerstörung des deutschen Geistes im 19. und 20. Jh., neue Ausg. 1974.

J. Hermand, Hauke Haien. Kritik oder Ideal des gründerzeitlichen Übermenschen, in: J. H., Von Mainz nach Weimar, 1969, S. 250–258.

W. Hinck, Epigonendichtung und Nationalidee. Zur Lyrik E. Geibels; ZfdPh 85, 1966, S. 267–284.

K. Löwith, Von Hegel zu Nietzsche, Zürich 1950.

G. Lukács, Die Zerstörung der Vernunft, ²1962 (= Werke, Bd. 9) (Rez. v. *K. Sontheimer*, ZfRuG 9, 1957, S. 287–91).

G. Mahal, Der tausendjährige Faust. Rezeption als Anmaßung, in: *G. Grimm* (Hrsg.), Literatur und Leser, 1975, S. 181–195.

W. R. Marchand, Joseph Roth und völkisch-nationalistische Wertbegriffe, 1974.

D. Mettenleiter, Destruktion der Heimatdichtung. Typologische Untersuchungen zu Gotthelf – Auerbach – Ganghofer, 1974.

G. L. Mosse, The Crisis of German Ideology. Intellectual Origins of the Third Reich, London 1966.

H. Müller und *N. Mecklenburg*, Th. Storms Gedicht »Über die Heide«; Schriften der Theodor-Storm-Gesellschaft XIX, 1970, S. 35–42.

J. Neurohr, Der Mythos vom Dritten Reich, 1957.

P. Pütz, F. Nietzsche, ²1975 (bes. S. 102 ff.).

H. Plessner, Das Schicksal deutschen Geistes im Ausgang seiner bürgerlichen Epoche, Zürich 1935 (nach dem Krieg erschienen unter dem Titel »Die verspätete Nation« 1959).

E. Sagarra, Tradition und Revolution. Deutsche Literatur und Gesellschaft 1830 bis 1890, 1972.

E. Sandvoss, Hitler und Nietzsche. Eine bewußtseinsgeschichtliche Studie, 1969.

H.-J. Schmitt (Hrsg.), Die Expressionismusdebatte, 1973 (mit Bibl.).

K. Schwedhelm (Hrsg.), Propheten des Nationalismus, 1969.

H. Schwerte, Faust und das Faustische, 1962.

W. G. Sebald, C. Sternheim. Kritiker und Opfer der Wilhelminischen Ära, 1969.

E. Vermeil, Doctrinaires de la Révolution Allemande, Paris 1938.

J. Schönert (Hrsg.), C. Sternheims Dramen, 1975.

K. Völker, Faust. Ein deutscher Mann. Die Geburt einer Legende und ihr Fortleben in den Köpfen, 1975.

H.-A. Walter, Bedrohung und Verfolgung bis 1933 (= Deutsche Exilliteratur 1933–1950, Bd. 1, ²1973).

H. Zimmer, Auf dem Altar des Vaterlandes. Religion und Patriotismus in der deutschen Kriegslyrik des 19. Jh.s., 1972.

Weniger offensichtlich scheint sich der deutschen Kritik das Problem einer *Abgrenzung* der deutschen völkisch-nationalen und nationalsozialistischen Literatur *im Kontext der europäischen Nationalliteraturen* zu stellen; ja, die methodischen Ansätze, die endlich dazu führten, diesen literarischen Komplex in die deutsche Tradition integriert zu finden, verhindern geradezu, daß ein solcher möglicher Zusammenhang dem deutschen Bewußtsein zum Problem geworden ist. Der ohnehin schon durch nationalstaatliche Blenden eingeengte Blick wird durch die geistesgeschichtliche Kritik noch energischer auf die deutsche Tradition fixiert. Dem kommt der Umstand entgegen, daß die deutsche völkisch-national-konservative Literatur kaum internationalen Anschluß fand und daß es auch den Nationalsozialisten weder ideologisch noch kulturpolitisch gelang, die Isolation wirklich zu durchbrechen, wenn man einmal von dem (1937 gescheiterten) Versuch des NS-Studentenbunds und des Goebbels-Umkreises absieht, den italienischen Futurismus zu amalgamieren.

Hinter dieser Konstellation, die deutsche Literatur im europäischen Zusammenhang zu sehen, steht allerdings wieder das bereits angedeutete methodische Problem, daß die Literaturwissenschaft überhaupt nur aufmerksam wird, wenn offene politische Bekenntnisse vorliegen; und von Bekenntnissen zur völkischen und konservativen Tradition in Deutschland oder gar zum nationalsozialistischen Staat aus dem europäischen Raum kann nur in seltenen Ausnahmen die Rede sein. So fallen Namen wie W. Whitman, R. Emerson, J. London, L. Durell, E. Pound, D. H. Lawrence, H. Miller, E. Hemingway, S. Lagerlöf in der deutschen Diskussion erst gar nicht, allenfalls wird zaghaft auf R. Kipling, G. Gunnarsson, S. Hedin oder S. Fleuron hingewiesen. Vor solchem Hintergrund nimmt sich der deutsche literarische Antimodernismus eher kümmerlich aus! W. Heist hat die Situation richtig gekennzeichnet, wenn er darauf verweist, daß eine solche Zuordnung notfalls sogar gegen das bewußte politische Bekenntnis und gegen das Leben eines Autors geleistet werden müsse, was er für A. Saint-Exupéry andeutet, der im Kampf gegen die Deutschen sein Leben verlor. Oder W. Butt erläutert, wie die schwedischen linken ›proletärförfattare‹ eine Zeitlang ein regressives Primitivismuskonzept vertraten, was sie im nationalsozialistischen Deutschland lange als vermeintliche Blut-und-Boden-Dichter akzeptabel machte. Nun erscheinen im deutschen Beobachtungshorizont plötzlich Autoren wie G. Bernanos, Ch. Péguy, L. Bloy, H. de Montherlant, J. Genet, A. Camus, L. Aragon, J. Anouilh, B. Cendrars, J.-P. Sartre, E. Johnson, H. E. Martinson oder V. Moberg und gesellen sich zu den ›Bekennern‹ L.-F. Céline, P. Drieu La Rochelle, F. T. Marinetti, J. A. Primo de Rivera,

K. Hamsun. Von Deutschland aus sind die mögliche Verbindung zu einer antimodernen, regionalistischen oder faschistischen Weltliteratur, die Modalitäten eines solchen Konnexes oder die nötigen Differenzierungen der verschiedenen Positionen auf dieser Szene (außer von Nolte und Mohler) noch gar nicht als ein zusammenhängendes Problem erkannt worden; es gibt allenfalls isolierte Auseinandersetzungen mit einzelnen Autoren (und natürlich naiv-blinde Affirmation vor allem an Literatur skandinavischer Herkunft).

B. d'Astorg, Introduction au Monde de la Terreur, Paris 1945.

M. Beheim-Schwarzbach, Hamsun, 1958.

W. Butt, Mobilmachung des Elfenbeinturms. Reaktionen auf den Nationalsozialismus in der schwedischen Literatur 1932–38 (Manuskr.; ersch. voraussichtl. 1976).

H. Fauteck, Kierkegaard – ein konservativer Revolutionär; NR 86, 1975, S. 141–151.

E. W. Friese, Das deutsche Hamsun-Bild; Edda LXV, 1965, S. 257–276.

P. Gorsen, Nachwort zu: *S. Dali*, Unabhängigkeitserklärung der Phantasie und Erklärung der Rechte des Menschen auf seine Verrücktheit, 1974.

J. R. Harrison, The Reactionaries. A Study of the Antidemocratic Intelligentsia, New York 1967.

W. Heist, Genet und andere. Exkurse über eine faschistische Literatur von Rang, 1965.

R. Minder, J. P. Hebel und die französische Heimatliteratur, in: R. M., Dichter in der Gesellschaft, 1966, S. 108–139.

A. Mohler, Der faschistische Stil, in: *G.-K. Kaltenbrunner* (Hrsg.), Konservatismus International, 1973, S. 172–198 (mit Bibliogr.).

B. Nellessen, J. A. Primo de Rivera, 1965.

P. Nizan, Für eine neue Kultur. Aufsätze zu Literatur und Politik in Frankreich, 1973.

A. Pfeil, Die französische Kriegsgeneration und der Faschismus. P. Drieu La Rochelle als politischer Schriftsteller, 1971.

J. Royer, Th. Storm und die französische Dichtung seiner Zeit; Schriften der Theodor-Storm-Gesellschaft XVII, 1968, S. 62–71.

E. Rumbke, »Traeskeens tidsalden«. Regressive Gesellschaftskritik in K. Hamsuns Roman »Markens Grøde«; Skandinavistik III, 1973, S. 41–59.

P. Serant, Le Romantisme Fasciste. Etude sur l'oeuvre politique de quelques écrivains français, Paris 1959.

S. Sontag, Fascinating Fascism, New York 1975.

R. Soucy, Romanticism and Realism in the Fascism of Drieu La Rochelle; Journal of the History of Ideas XXXI, 1970, S. 69–90.

Als dritter Aspekt des Problems der Abgrenzung der völkisch-national-konservativen und nationalsozialistischen Literatur innerhalb des deutschen und europäischen Kontextes ergibt sich die Frage nach ihrer *Scheidung von der gleichzeitig erschienenen deutschen Literatur.* Er enthält – und zwar von Beginn an – die größte Brisanz im gesamten Komplex einer Beurteilung der völkisch-national-konservativen und nationalsozialistischen Literatur. Während in der Diskussion unter den Exilierten die möglichst scharfe Eingrenzung der faschistischen Literatur und ihre Identifizierung mit dem nationalsozialistischen Staat Teil der Antihitlerpolitik waren, stand diese Strategie nach 1945 unter dem Vorzeichen der individuellen und kollektiven Entlastung. Die Frage, was die historische Entwicklung hin auf die Jahre zwischen 1933 und 1945 für den einzelnen und für die politisch-kulturelle Situation insgesamt bedeute, wurde vermittels individueller Ent-Schuldigungen und der kollektiven Konstituierung einer ›Phase II der Moderne‹ tabuisiert. (Auch in der DDR wurde sie nicht so radikal gestellt, wie es die Worte vermuten lassen; sie erschöpfte sich auf weite Strecken in Antiformalismuskampagnen und in der Fetischisierung der bürgerlichen Literatur des 19. Jh.s und des ›kritischen Humanismus‹, deren Schreibmuster vorbildlich blieben.)

Gegenüber solchen Versuchen, die völkisch-nationale und nationalsozialistische Literatur als ›faschistisch‹ aus dem deutschen Literaturkanon auszuklammern, wird man auf die verwirrenden Linien zwischen den Parteiungen in der Weimarer Zeit hinweisen müssen; etwa darauf, daß E. Piscator H. Johsts »Lustige Stadt« inszeniert, daß H. Johst Th. Mann öffentlich zum 50. Geburtstag gratuliert, daß Th. Mann Bücher von E. Strauß, J. Ponten und W. Schäfer als Lektüre an höheren Schulen empfiehlt; es wäre ferner auf Lebensläufe wie die von A. Bronnen, E. v. Salomon, E. Niekisch, O. Strasser oder St. George hinzuweisen oder daran zu erinnern, wie sehr sich die Nationalsozialisten etwa um R. Strauß, Th. Mann oder G. Benn bemühten (was nicht allein an deren ›internationalem Ruhm‹ gelegen haben kann, denn darauf wurde in anderen Fällen nicht allzu viel Rücksicht genommen. Es wäre darüber hinaus auf den George- und Rilke-Kult der 20er und 30er Jahre zu verweisen, der den Modernismus für konservative Bedürfnisse aufbereitete. Auch die Emigranten schrieben nach 1933 nicht anders als vor 1933, das Exil brachte keine neue Literatur hervor, oft noch nicht einmal eine veränderte politische Haltung. Es wäre auch die unterschiedliche Einschätzung der

Expressionisten durch die verschiedenen Fraktionen innerhalb der nationalsozialistischen Kulturpolitik ins Gedächtnis zu rufen. Das Gewicht der bislang fast ausschließlich herangezogenen politischen pro- oder contra-Entscheidungen der Autoren wäre entschieden zu relativieren; die Autoren und ihre Werke wären in den Gesamtzusammenhang einzuordnen, und zwar nicht nur in bezug auf ihre politischen Entscheidungen und auf die ideologischen Gehalte, sondern gerade auch im Hinblick auf ästhetische Kategorien. Literatur, die unter praktischen inhaltlichen wie formalen und theoretischen Aspekten auf Probleme der Zeit (und das sind nicht nur politische Probleme) affirmative Antworten gibt, wäre in den gesamten Zusammenhang zu ziehen und darin abgestuft einzuordnen. (Daß die Zuordnungsergebnisse nicht unumstritten sein können, sondern entscheidend von den je vertretenen Positionen in der Faschismusdiskussion abhängen, ja auch von der Einschätzung der literarischen Entwicklungen dieses Jahrhunderts, und vor allem auch der der 60er Jahre bestimmt werden, versteht sich von selbst.) Es wäre nicht wie bisher das Trennende herauszuarbeiten, sondern umgekehrt das Verbindende im Epochenzusammenhang zu untersuchen; dabei wäre differenzierter als bislang nach mehr als bloß inhaltlichen Stellungnahmen oder deren literarischer Verkleidung zu forschen; es wäre der Fragehorizont im Sinne neuerer literaturwissenschaftlicher Ansätze zu erweitern, etwa in Hinblick auf die Verarbeitung spezifischer Lebenserfahrungen, auf Identifikationsangebote, auf die Art der Traditionsbewältigung, auf die Handhabung ritualisierter Vermittlungskonventionen zwischen ›Dichtung/Literatur‹ und historischer Realität, auf die Weise gewährter oder verweigerter Sensibilisierung, auf emanzipierende oder repressive Rezeptionshaltungen u. ä. Erst wenn ohne Eifer, aber mit Engagement unter solcherart Gesichtspunkten nach der Zuordnung etwa von H. Brochs »Tod des Vergil« oder H. H. Jahnns »Perrudja« gefragt werden könnte, wird eine mögliche Beschäftigung mit der Literatur des III. Reichs (im weiteren Wortsinn) sinnvoll, nämlich mehr sein als eine pflichtgemäße Ausfüllung von Wissenslücken.

H. L. Arnold (Hrsg.), Deutsche Literatur im Exil, Bd. I, 1974.

W. Brekle, Das antifaschistische schriftstellerische Schaffen deutscher Erzähler in den Jahren 1933–1945 in Deutschland, masch. Diss. Berlin (Humboldt) 1967.

Ders., Die antifaschistische Literatur in Deutschland (1933–1945); WB XVI, 1970, S. 67–128.

A. Bronnen, A. Bronnen gibt zu Protokoll, 1954.

A. Mohler, Die Konservative Revolution in Deutschland 1918–1932, ²1972.

E. v. Salomon, Der Fragebogen, 1951.

H. E. Tutas, NS-Propaganda und deutsches Exil, 1974.

Ders., Nationalsozialismus und Exil, 1975.

III. Die völkisch-national-konservative Literatur in ihrer Konstituierungsphase (1890–1918)

Die deutsche völkisch-national-konservative und nationalsozialistische Literatur wird im allgemeinen in vier deutliche Phasen geteilt: die erste reicht von etwa 1890 bis 1918, die zweite von 1918 bis 1933, die dritte von 1933 bis 1945, und die vierte schließlich wäre im Nachkriegsdeutschland anzusiedeln. Die markierenden Daten scheinen von einiger Prägnanz zu sein, die einzelnen Abschnitte sind charakteristisch gegeneinander abzusetzen, dennoch dürfen die Grenzlinien nicht zu schematisch gezogen werden; die Datierungen sind mit einiger Differenzierungsbreite zu behandeln.

Das gilt sogleich für die Daten der ersten Phase; deren Charakter und Funktion innerhalb der Gesamtbewegung wären als die bedeutsame *Konstituierungsphase der völkisch-national-konservativen Literatur* einzuschätzen. Unter diesem Aspekt gibt sich die Jahreszahl 1890 sogleich als ein Annäherungswert zu erkennen, denn die Literatur der Jahrhundertwende beerbt sehr augenscheinlich Tendenzen des gesamten 19. Jh.s, vor allem die Romantik, besonders in Gestalt der ›Volksromantik‹, den nationalen Epigonalismus und vor allem die Literatur der Gründerjahre. In ähnlicher Weise greifen Tendenzen, die die 20er Jahre bestimmen, über das Datum 1918 zurück.

Die völkisch-national-konservative Literatur der ›Wilhelminischen Zeit‹ ist aber kein Endprodukt einer nur innerliterarischen Bewegung, sie ist vielmehr sehr deutlich determiniert durch die politischen und sozialen Konstellationen der Jahrhundertwende. Wenn man die literarische Gesamtproduktion um 1900 unter dem Aspekt einer Bereitstellungsphase betrachtet, dann tritt weniger jene Literatur ins Blickfeld, über die unser neueres historisches Bewußtsein die Tradition der deutschen Literaturentwicklung vermittelt und die es mithin als ›zeittypisch‹ bewertet; diese Funktion ist vielmehr an Textbestände gebunden, die der neueren Traditionsbildung aus dem Blick entschwunden sind und mit denen sich die Literaturwissenschaft folglich in den letzten zwei, drei Jahrzehnten kaum mehr beschäftigt hat.

Die momentan vorherrschenden Richtungen innerhalb der *Ideologiekritik* sind unter linkssoziologischem Einfluß – nach dem Grundsatz, die herrschende Literatur sei die Literatur der Herrschenden – auf die kritische Reproduktion der gesellschaftlichen Herrschaftsverhältnisse in den literarischen Dokumenten aus; sie präparieren aus der Literatur die Abdrücke der Herrschaftsstruktur heraus: die Romane der Jahrhundertwende erscheinen als Formen ideologischer Massenbeeinflussung des kleinbürgerlichen Lesepublikums im Dienste der imperialistischen Haltung der expansionistischen Bourgeoisie. Die Frage allerdings, warum Literatur überhaupt diese Funktion übernehmen konnte, d. h. warum breite Lesermassen eine Literatur als die ihrige erkannten, die ganz offensichtlich nicht ihren objektiven Interessen entsprach, bleibt unklar, solange dem Blick ›von oben‹ nicht ein Blick ›von unten‹ begegnet, solange in diesen Romanen nicht auch ein Artikulationsmedium der Beherrschten als der Beherrschten, ein ideologisches Gefäß für die augenscheinliche Erlebnisrealität dieser Schichten gesehen wird. Hier könnte die literarische Analyse entschieden mehr leisten, als nur die Erkenntnisse der Sozial- und Politikwissenschaft zu illustrieren.

Aber auch eine solche Analyse ist allein in der Auseinandersetzung mit der ökonomisch-gesellschaftlichen Situation der betroffenen Schichten zu erarbeiten. Die seit den ›Preußischen Reformen‹ entstandenen bürgerlichen Unter- und Mittelschichten geraten seit der Jahrhundertmitte in eine gesellschaftliche Zangenbewegung: die rapide nachgeholte Industrialisierung Deutschlands entzieht ihnen die kleinhandwerkliche Basis; diesen Prozeß aufzufangen, besitzen die meisten nicht die Kapital- und Wirtschaftskraft. Diejenigen, die dem ›Abstieg‹ ins Proletariat auszuweichen versuchen, sind von andauernder Proletarisierungsangst bedroht und zudem seit der beginnenden Sozialgesetzgebung mit Neidkomplexen gegenüber der sich langsam organisierenden Arbeiterschaft erfüllt. Dazu kommt seit 1873 eine wirtschaftliche Dauerkrise. In dieser Malaise wird das höhere Bürgertum immer stärker zur Bezugsgruppe dieser Schichten. Nun war der Liberalismus als bürgerliche politische Leitideologie seit 1848 erheblich zerschlissen und zudem durch die Erfahrung der Industrialisierung für die ›proletaroiden‹ Schichten diskreditiert; der bürgerlich-konservative Obrigkeitsgedanke (das Ordnungskonzept weiter Kreise der wilhelminischen Bourgeoisie) wurde an seiner statt als normenbildend akzeptiert; in dessen Schatten wurde das bürgerliche ›Kultur‹bewußtsein als intakt empfunden; so bekam ›Dichtung‹ gerade in den unteren bürgerlichen Schichten als die am leichtesten zu erobernde und am nachhaltigsten ideologisierbare Kunstübung (wieder) eine entscheidende ideologisch-politische Funktion, wobei verständlicherweise die am status quo festhaltenden Richtungen einer volkstümlichen Romantik, eines vulgären Realismus und eines ritualisierten Klassizismus bevorzugt wurden. Die reaktive klein- und mittelbürgerliche Massenkultur war notwendig antimodern.

Es ist durchaus verständlich, daß im Zusammenhang dieser Selbstvergewisserungsbemühungen eine umfangreiche *ideologische Essayistik* der Orientierungslosigkeit zu steuern versuchte. Zwischen Fr. Nietzsche und A. Moeller van den Bruck zieht sich eine lange Kette kleinbürgerlicher Bewältigungsversuche der politischen, gesellschaftlichen und kulturellen Situation hin, wobei allerdings die Grenze zur bourgeoisen Weltanschauungsliteratur und ihren historisch-politischen Deutungsmustern (H. v. Treitschke, Th. Mann, M. Scheler, O. Spengler, L. Frobenius, M. Heidegger) nicht immer scharf zu ziehen ist, besonders nach der Jahrhundertwende nicht mehr. P. de Lagarde, J. Langbehn, H. St. Chamberlain, O. Weininger, A. Schuler, L. Klages, H. Blüher sind die wichtigsten Namen, die genannt werden müssen; Antiindustrialismus, Antimodernismus, Antiintellektualismus, Antimaterialismus, Traditionalismus und Provinzialismus sind die wichtigsten Stichworte, zu denen dann teilweise noch eine mit zumindest latentem Antisemitismus gekoppelte Germanenbegeisterung (vor allem bei den ›Völkischen‹ und den Wagnerianern) und ein wenig bemäntelter Expansionismus traten. Neben dem gerade von seiten der Herrschaftskritik nachhaltig geäußerten Militarismusverdacht müßte stärker als bisher die pessimistische Grundhaltung dieser klein- und mittelbürgerlichen Weltanschauungsessayistik und der Literatur in ihrem Gefolge beachtet werden (die sich übrigens bis zu A. Hitler hin verfolgen läßt); Pessimismus und Proletarisierungsangst gingen – besonders am Vorabend des Kriegs – eine gefährliche Verbindung ein, in der sich – etwa bei H. Löns oder H. Burte, dann in der Weltkriegsliteratur – ein nicht geringes Aggressionspotential akkumulierte.

Unter diesen Weltanschauungsessayisten ist für literarhistorische Fragestellungen J. Langbehn am interessantesten. Dieser kleinbürgerliche Bohemien aus Hadersleben/Schleswig hat auf der Grundlage seiner sozialen Herkunft, der undurchschaubaren Verworrenheit seines kunstreligiösen Programms und seiner ritualisierten Kunstideologie mit seinem werbewirksam lancierten »Rembrandt als Erzieher« (1890) einen kaum zu überschätzenden Einfluß auf die kleinbürgerliche Ideologiebildung der wilhelminischen Zeit gehabt. Sein Rembrandt wird zur Verkörperung eines alten, idealen Zustands eines Lebens in der Ganzheit; er verkörpert damit (neben Faust) ein antimodernes Leitbild. Das Wechselverhältnis von Kulturpessimismus und aggressiver Modernismuskritik, die Verworrenheit der Aussage, die Emotionalisierung der Argumentationsweise und das scheinbare Versprechen des Ausgleichs der historischen Widersprüche bewirken, daß das Buch, welches bis weit in dieses Jahrhundert hinein – teils in ›modernisierten‹ Fassungen – viele Auflagen erlebt hat, im Bürgertum als Ausdruck der eigenen historischen Situation gelesen wurde. Langbehn war zeitgemäß unzeitgemäß.

a. Bibliographische Hilfsmittel:

Bibliographie der Deutschen Literaturwissenschaft, hrsg. v. *H. Eppelsheimer* und *Cl. Köttelwesch*, 1957 ff. (Solange der die nach 1945 entstandene Literatur zusammenfassende Bd. II noch nicht erschienen ist, müssen noch die Einzelbände benutzt werden.).

Internationale Bibliographie zur Geschichte der Deutschen Literatur, Bde. II 1, 2, 1971/72.

I. Bode, Die Autobiographien zur deutschen Literatur, Kunst und Musik 1900–1965, 1966.

P. Goff, Wilhelminisches Zeitalter (= Handb. d. dtsch. Lit.gesch., Abt. Bibliogr., Bd. X), Bern 1970 (stark ergänzungsbedürftig).

D. R. Richards, The German Bestseller in the 20th Century. A Complete Bibliography and Analysis 1915–1940, Bern 1968.

H. Wiesner u. a., Bibliographie der Personalbibliographien zur deutschen Gegenwartsliteratur, 1970.

b. Zur Literatur insgesamt:

Vgl. oben S. 24 f.

E. Alker, Die deutsche Literatur im 19. Jh. (1832–1914), [3]1969.

Chr. Cobert, Der Wortschatz des Antisemitismus in der Bismarckzeit, 1973.

M. Hahn, S. Schlenstedt und *F. Wagner,* Thesen zum deutschen Roman im 20. Jh.; WB 1968, S. 30–103.

R. Hamann und *J. Hermand,* Stilkunst um 1900, 1967.

A. Hauff, E. Koester u. *J. Schutte,* Aufriß eines lit.wiss. Grundkurses: Zur Genese apologetischer und reaktionärer Literaturströmungen in Deutschland um 1900, in: *G. Mattenklott* u. *K. R. Scherpe* (Hrsg.), Positionen der literarischen Intelligenz zwischen bürgerlicher Reaktion und Imperialismus, 1973, S. 210–305.

J. Hermand, Der Aufbruch in die falsche Moderne. Theorien zur deutschen Literatur der Jahrhundertwende, in: J. H., Der Schein des schönen Lebens, 1972, S. 13–25.

Ders., Gralsmotive um die Jahrhundertwende, in: J. H., Von Mainz nach Weimar, 1969, S. 269–297.

Ders., Zur Literatur der Gründerzeit, ebd., S. 211–249.

P. Kluckhohn, Die Wende vom 19. zum 20. Jh. in der deutschen Dichtung; DVjS 29, 1955, S. 1–19.

F. Koch, Idee und Wirklichkeit. Deutsche Dichtung zwischen Romantik und Naturalismus, Bd. 1, 1956, S. 97–225 (= Kap.: Der Durchbruch bindender Kräfte).

H. Kramer, Deutsche Kultur zwischen 1871 und 1918, 1972.

H. Kreuzer, Zur Periodisierung der »modernen« deutschen Literatur; Basis II, 1971, S. 7–32.

W. Fr. v. Löhneysen, Der Einfluß der Reichsgründung von 1871 auf Kunst und Kunstgeschmack in Deutschland; ZfRuG XII, 1960, S. 17–44.

G. Lukács, Deutsche Literatur im Zeitalter des Imperialismus, 1953.

G. Mahal (Hrsg.), Lyrik der Gründerzeit, 1973.

F. Martini, Deutsche Literatur im bürgerlichen Realismus (1848–1898), ³1974.

B. Pinkerneil, D. Pinkerneil und *V. Zmegač* (Hrsg.), Literatur und Gesellschaft. Zur Sozialgeschichte der Literatur seit der Jahrhundertwende, 1973.

K. Riha, Naturalismus und Antinaturalismus (1889–1900), in: *H. O. Burger* (Hrsg.), Annalen der deutschen Literatur, ²1971, S. 719–760.

E. Ruprecht und *D. Bänsch* (Hrsg.), Literarische Manifeste der Jahrhundertwende. 1890–1910, 1970.

E. Sagarra, Tradition und Revolution. Deutsche Literatur und Gesellschaft 1830–1890, 1972.

F. Schlawe, Literarische Zeitschriften. Teil 1 (1885–1910), ²1965; Teil 2 (1910–1933), ²1973.

H. Schwerte, Der Weg ins 20. Jh., in: *H. O. Burger* (Hrsg.), Annalen der deutschen Literatur, 1952, S. 719–840.

Ders., Deutsche Literatur im wilhelminischen Zeitalter; WiWo XIV, 1964, S. 254–270 (vgl. auch in: *H. J. Schoeps* (Hrsg.), Zeitgeist im Wandel. Das Wilhelminische Zeitalter, 1967, S. 121–145).

c. Zur bürgerlichen Ideologiebildung:

Vgl. auch oben S. 24 f.

K. H. Höfele, Selbstverständnis und Zeitkritik des deutschen Bürgertums vor dem ersten Weltkrieg; ZfRuG VIII, 1956, S. 40–56.

H. St. Hughes, Consciousness and Society. The Reorientation of European Social Thought, New York 1958.

H. W. Koch, Der Sozialdarwinismus, 1973 (mit Lit.verz.).

H. Kreuzer, Die Bohème. Analyse und Dokumentation der intellektuellen Subkultur vom 19. Jh. bis zur Gegenwart, 1968.

H. Kunert, Deutsche Reformpädagogik und Faschismus, 1973.

K. Lenk, Volk und Staat. Strukturwandel politischer Ideologien im 19. und 20 Jh., 1971.

H.-J. Lieber, Kulturkritik und Lebensphilosophie, 1974.

G. Masur, Prophets of yesterday. Studies in European Culture, 1890–1914, London 1963.

H. Pross, Literatur und Politik, Olten 1963.

L. L. Snyder, German Nationalism. The Tragedy of a People. Extremism contra Liberalism in Modern German History, Harrisburg, Pens. 1952.

H. Sedlmayr, Verlust der Mitte, Salzburg 1948.

F. Stern, Die politischen Folgen des unpolitischen Deutschen, in: Das kaiserliche Deutschland. Politik und Gesellschaft 1870 bis 1918, 1970, S. 168–186.

H.-U. Wehler, Sozialdarwinismus im expandierenden Industriestaat, in: Festschrift für F. Fischer, 1973, S. 133–142.

d. Zu einzelnen Autoren:

H. Schwedhelm (Hrsg.), Propheten des Nationalismus, 1969 (u. a. zu: H. St. Chamberlain, L. Klages, de Lagarde, J. Langbehn).

F. Stern, Kulturpessimismus als politische Gefahr, Bern 1963 (zu: P. de Lagarde, J. Langbehn und A. Moeller van den Bruck).

zu *Chamberlain* vgl. *A. Mohler*, Kons. Rev. ²1972, S. 241 ff.

J. Real, The Religious Conception of Race: H. St. Chamberlain and Germanic Christianity, in: The Third Reich, London 1955, S. 243 bis 286 (mit Lit.ang.).

zu *Klages* vgl. *H. Kasdorff*, Ludwig Klages – Werk und Wirkung, 2. Bde., 1969/1975.

G.-K. Kaltenbrunner, Vom geistigen Rang des Faschismus. L. Klages und sein Mythos der Seele; Neues Forum (Wien), Jg. 1966, S. 720 bis 723; Jg. 1967, S. 32–38.

zu *de Lagarde: J.-J. Anstett*, P. de Lagarde, in: The Third Reich, London 1955, S. 148–202.

P. W. Lougee, P. de Lagarde, Cambridge/Mass. 1962.

zum *jungen Th. Mann: Kl. Schröter*, Th. Mann, 1964, S. 34–44.

zu *Schuler: G.-K. Kaltenbrunner*, Zwischen Rilke und Hitler – Alfred Schuler; ZfRuG 19, 1967, S. 333–347.

zu *Treitschke: A. Dorpalen*, H. v. Treitschke, New Haven 1957.

zu *Weininger: G. Klaren*, O. Weininger, 1924.

A. Mohler, Konservative Revolution, ²1972, S. 78–83.

Im Schatten dieser kleinbürgerlichen Weltanschauungsessayistik rührten sich in den 90er Jahren ungemein kräftige, allerdings sehr zersplitterte ›kulturelle‹ Aktivitäten. Eine der charakteristischsten und für die weitere Literaturentwicklung wichtigsten Strömungen in diesem Zusammenhang war die *Heimatkunstbewegung*. Sie wurde getragen von Zeitschriften wie »Der Türmer« (1898), »Heimat« (1900), »Die Rheinlande« (1900), »Die Gesellschaft« (eine ursprünglich pronaturalistische

Zeitschrift, die dann aber auf den antinaturalistischen Kurs einschwenkte), und als ihre wichtigsten literarischen Vertreter sind zu nennen: T. Kröger, F. Avenarius, H. Sohnrey, E. Wachler, W. Schäfer, der Nachzügler Gorch Fock, vor allem aber *F. Lienhard* und *A. Bartels*.

Roman und programmatischer Text sind die wichtigsten Artikulationsgattungen dieser sich unter dem Stichwort »Los von Berlin« als antinaturalistische und anti›moderne‹ Literaturschule konstituierenden Kulturkampfgruppe. Sie wollten radikale Kritik an der gesellschaftlichen und politischen Realität üben. Insofern versuchten sie, die Intentionen der kleinbürgerlichen Weltanschauungsessayistik mit literarischen Mitteln einzulösen. Dabei ging es aber weniger um geschlossene Theorieentwürfe als um die Formulierung eines ›Lebensgefühls‹. Gemäß der gesellschaftlichen Situation des Kleinbürgertums überwog dabei eine negierende Grundhaltung: in der weitschweifigen Ausformulierung des kleinbürgerlichen Krisenbewußtseins wurde sowohl gegen den ›Kapitalismus‹ (vor allem in Gestalt der Industrialisierung und der Geldwirtschaft) wie gegen den Sozialismus (als dessen pöbelhafte Rückspiegelung) zu Felde gezogen; dem positiven Gegenentwurf gegen die Realität der Industriewelt, der Vorstellung von ›Heimat‹, haftete somit immer das Moment der Negation an: sie war immer bezogen auf das, was an der neuen, bürgerlichen Zeit – kristallisiert um das Stichwort ›Berlin‹ – kritisiert wurde. Dabei erschien die eigentlich intendierte Konfrontation von rational geplantem, wirtschaftlich orientiertem Industriestaat und der natürlichen Welt humaner, ganzheitlicher Bindungen und Sozialformen schnell zugedeckt durch weitläufige Kontrastierungen von ›materialistischer‹ und ›idealistischer‹ Geisteshaltung, so daß am Ende die intendierte Kritik der Neuzeit zu einer Kritik von Lebenshaltungen schrumpfte. Aus diesem Grund ging es bei der ›Heimatkunstbewegung‹ in Wahrheit nicht allein, ja nicht einmal in erster Linie um andere, provinzorientierte Erzählinhalte, sondern zu allererst um eine andere Erzählhaltung. Weil das traditionsorientierte Kulturmuster der bürgerlichen Mittelschichten den Bezugspunkt dieser kleinbürgerlichen Protestbewegung abgab, blieb die Kritik dessen Explikationsmustern verpflichtet; die beabsichtigte Wirkung, nämlich die gesellschaftliche Realität radikal umzuwenden, war in dieser Weise nicht zu erzielen. Die ›Heimatkunstbewegung‹ blieb in der Demonstration einer Oppositionshaltung stecken; trotz ihrer enormen Breitenwirkung war sie ziemlich kurzlebig; sie ging bald ein in radikalere Entwürfe.

In Hinsicht auf die zu beziehenden Positionen gab es bei prinzipieller Einigkeit über das Abzulehnende nicht unerhebliche Divergenzen. Der elsässische Dorfschullehrerssohn Fr. Lienhard entwickelte in seinen »Wegen nach Weimar« (1905–1908) ein am bürgerlichen Bildungsbegriff orientiertes Gegenprogramm: Gegen den nivellierenden Industrialismus und Sozialismus wollte er unter dem Stichwort ›Weimar‹ »eine Stärkung und Festigung jener höheren Seelen- und Geisteskräfte bewirken, die unser innerstes ›Selbst‹ bilden«. Der Goethekult unseres Jahrhunderts (einschließlich seiner politisch-gesellschaftlichen Implikationen) hat von Lienhard nicht wenige ideologische Impulse bekommen.

Der dithmarsische Schlossersohn A. Bartels (der auch als antisemitischer Literaturwissenschaftler zu Ruhm gelangte) rezipierte dagegen stärker die sozialdarwinistischen Tendenzen des 19. Jh.s; diese setzte er in seinem Erfolgsroman »Die Dithmarscher« (1898) in Handlung um: der vergebliche Freiheitskampf der Dithmarscher Bauern gegen Dänen, Holsten und »Schwarze Garde« im 16. Jh. stellt sich nach Bartels dar als der heroische Kampf der Volkskräfte gegen die Kulturkräfte, welche erst im bürgerlich-liberalen Industriestaat endlich gesiegt haben. Hinter dieser pessimistischen Fassade ist bereits die bald einsetzende Aggressivitätssteigerung des kleinbürgerlichen Romans zu ahnen. Literarisch gesehen ist sein Werk (wie die ›Heimatkunstbewegung‹ überhaupt) fortgesetzte Erzähltradition des 19. Jh.s; doch ist die Funktion im ideologischen Kontext der Jahrhundertwende entschieden bedeutsamer zu bewerten als solche rein literarhistorischen Verknüpfungen.

Nach 1900 wurde die ›Heimatkunstbewegung‹ zu einer Massenbewegung, die bis zur Unterhaltungsliteratur hinunterreichte; dabei verwischten sich die Konturen der aggressiven Abwehrhaltung etwas. L. Ganghofer, R. Herzog, L. Thoma oder H. Voigt-Diederichs sind noch die bekanntesten Schriftsteller geblieben, die in diesen Umkreis zu ziehen wären. Die ›Heimatkunst‹ hat über dieses Jahrhundert hin ein nicht geringes Ideologiepotential an sich gebunden, das während Krisenzeiten im Kleinbürgertum aktivierbar blieb, so nach 1918 bei den Grenz- und Auslandsdeutschen und nach 1945 bei den Vertriebenen.

Zur älteren Literatur vgl. *M. Greiner*, RL, ²I, 1958, S. 631.

K. Bergmann, Agrarromantik und Großstadtfeindlichkeit, 1970.

F. Bondy, Die rehabilitierte Heimat; NDH 22, 1975, S. 107–112.

M. Edse, Das Bild der Heimat bei einigen ostpreußischen Autoren seit der Jahrhundertwende, Diss. Ohio State Univ. 1960 (DA 21, 1961, 2712/13).

W. Emmerich, Zur Kritik der Volkstumsideologie, 1971.

B. Fischli, Monsieur le Capital und Madame la Terre. Zur ideologischen Funktion des völkisch-faschistischen Heimatstücks (1897 bis 1933); Diskurs III, H. 6/7, 1973, S. 23–50.

I.-M. Greverus, Der territoriale Mensch. Ein literaturanthropologischer Versuch zum Heimatphänomen, 1972.

E. Jenny, Die Heimatkunstbewegung, Diss. Bern 1934.

D. Kramer, Die politische und ökonomische Funktionalisierung von Heimat im deutschen Imperialismus und Faschismus; Diskurs III, H. 6/7, 1973, S. 3–22.

W. Langenbucher, Der aktuelle Unterhaltungsroman. Beiträge zur Geschichte und Theorie der massenhaft verbreiteten Literatur, 1964.

G. Maurer, Zum Problem der Heimatdichtung, in: G.M. Der Dichter und seine Zeit, 1956, S. 108–124.

N. Mecklenburg, Provinz im deutschen Gegenwartsroman; Akzente XXII, 1975, S. 121–128.

K. Rossbacher, Programm und Roman der Heimatkunstbewegung. Möglichkeiten sozialgeschichtlicher und soziologischer Analyse; Sprachkunst V, 1974, S. 301–326.

F. Sengle, Wunschbild Land und Schreckbild Stadt; Stud. Gen. XVI, 1963, S. 619–631.

H. Spiero, Geschichte des deutschen Romans, 1950, S. 447–490.

E. Waldinger, Über Heimatkunst und Blut- und Bodenideologie; GLL NS 10, 1956/57, S. 106–119.

M. Wegener, Die Heimat und die Dichtkunst, in: *G. Schmidt-Henkel* u. a. (Hrsg.), Trivialliteratur, 1964, S. 53–64.

P. Zimmermann, Der Bauernroman. Antifeudalismus – Konservativismus – Faschismus, 1975 (mit ausf. Textnachweisen).

zu einzelnen Autoren:

zu *Bartels* vgl. IB II 2, S. 87.

H. v. Hülsen, Neid als Gesinnung: Der manische Antisemitismus des A. Bartels, in: *K. Schwedhelm* (Hrsg.), Propheten des Nationalismus, 1969, S. 176–188.

zu *Kröger: R. Bülck*, T. Kröger als plattdeutscher Erzähler, Jb. d. Vereins für niederdeutsche Sprachforschung 76, 1953, S. 77–87.

E. Wohlhaupter, Dichterjuristen, Bd. III, 1957, S. 344–402.

zu *Lienhard: Ch. Hallier*, F. Lienhard und Chr. Schmitt. Zur 100. Wiederkehr ihrer Geburtstage; Studien der Erwin v. Steinbach-Stiftung 1, 1965, S. 67–104.

H. Langenbucher, Fr. Lienhard, 1935.

R. *Sauerzapf*, F. Lienhard und sein Kampf gegen negative Strömungen in der Literatur seiner Zeit; Jahresgabe. Arbeitskreis für dtsch. Dichtung, 1971, S. 32–44.

zu *Schäfer* vgl. *P. Goff*, Wilh. Zeitalter, 1970, S. 162–164.
H. *Pongs*, Das Bild in der Dichtung, Bd. IV, 1973, S. 186–194.
E. *Volkmann*, W. Schäfer. Erinnerung und Dank; Imprimatur XI, 1953, S. 208–210.
zu einzelnen Werkinterpretationen vgl. *F. Jungbauer*, Kleine Kunde der Interpretation, Wien 1966, S. 121; und *R. Schlepper*, Was ist wo interpretiert?, 1970, S. 175 f.

zu *Sohnrey* vgl. IB II 2, S. 558.

Die ›Heimatkunstbewegung‹ setzte nach 1900 eine ganze Flut von *Weltanschauungsromanen* frei, die Weltdeutung aus der Blickrichtung der unteren bürgerlichen Schichten zu geben versuchen. Dieses Genre wuchs, was Produktion, Distribution und Konsumtion anlangt, in die Dimensionen einer Massenliteratur; die Auflagen summierten sich über die Jahrzehnte hin nicht selten bis zur Halbmillionengrenze auf. Allein der quantitative Aspekt zeigt, daß diese Romanliteratur für breite Leserschichten ein Bedürfnis zu befriedigen schien, und zwar über Jahrzehnte hin. In den Romanen wird die gesellschaftliche Realität der Jahrhundertwende aus der Perspektive derer geschildert, die im fortschreitenden Industrialisierungsprozeß auf dem Lande keine Existenzgrundlage mehr fanden und in die Städte gesogen wurden oder deren kleinhandwerkliche Lebensgrundlage durch die Produktionsveränderung und Interessenkartellierung bedroht war; die Suche nach einem ›Sinn‹, der in den als Schicksal empfundenen Veränderungen verborgen sei, ist das Hauptthema. Die Literatur, die ein solches Bedürfnis artikulierte, stellte die Betroffenen nicht mehr als Opfer einer historischen Situation dar (wie das der Naturalismus getan hatte), sie bemühte sich vielmehr, die Personen als Handelnde zu zeigen, ohne selbstverständlich den Widerspruch von Leiden und Handeln aufheben zu können; so reduzierte sich die Aktivität der Romanfiguren nur zu schnell zum grüblerischen Rückzug nach ›innen‹. Als wichtigste Autoren sind in diesem Zusammenhang H. Böhlau, K. Söhle, W. v. Polenz, H. Stehr, E. Strauß, Cl. Viebig, J. Wassermann, vor allem aber G. Frenssen und vielleicht noch der junge H. Hesse sowie der niederdeutsche Dramatiker F. Stavenhagen zu nennen. Sie divergieren, schon weil sie jeweils andere partielle Lebensrealitäten im Auge haben, nicht unerheblich von einander, aber dennoch sind ihre Romane durch charakteristische Gemeinsamkeiten literarischer wie ideologischer Art gekennzeichnet.

Alle Autoren verstehen sich als Antinaturalisten, und zwar nicht allein unter nur literarisch-formalen Gesichtspunkten sondern gerade unter weltanschaulichen. Wie die Naturalisten thematisieren sie die Schwierigkeiten des sozialen Lebens, aber sie interpretieren sie nicht als Konsequenz der gesellschaftlichen Konstellationen, finden sie nicht durch das ›Milieu‹ determiniert; im Gegenteil: sie verurteilen solche Deutungsschemata als ›materialistisch‹. Sie weisen jede offen politische Analyse zurück. In »kraftvoller und bewußter Isolierung« (Lienhard) beschränken sie sich auf das Einzelschicksal ihrer Figuren und ihrer allernächsten (meist heimatlichen) Umwelt; der übergreifende Zeitbezug bleibt ausgeklammert. Ein solcher Ansatz schlägt sich unmittelbar in der formalen Struktur der Romane nieder: Handlung und Schilderung treten auffällig hinter Gespräche, eingestreute Überlegungen, hinter Sinnieren und Grübeln zurück. Der Kritik an der erfahrenen Realität ist auf diese Weise ein starkes Moment von Affirmation an die größeren Sinnzusammenhänge beigegeben, die hinter dieser Realität vermutet werden; diese durch Affirmation neutralisierte Gegenwartskritik fundiert zusammen mit den pessimistischen Grundtönen der kleinbürgerlichen Weltanschauung die als ›Humor‹ deklarierte Erzählhaltung der meisten Romane.

Gegenüber der historischen Realität blieb solche ›Sinn‹suche nicht allein ohnmächtig, sie ließ sich überdies von denjenigen gesellschaftlichen Kräften und Interessen in Dienst nehmen, welche die vom Kleinbürgertum als Bedrohung empfundenen Realitätsveränderungen betrieben. Das zeigte sich bald, als am Vorabend des 1. Weltkriegs viele Autoren dieser Gruppe in den deutschen Chauvinismus einstimmten und als sich diese kleinbürgerliche Gesinnungsliteratur vor 1933 zumindest für die völkische Fraktion der Nationalsozialisten einspannen ließ. Die orthodox marxistische Kritik betont unter dem Aspekt der Manipulation des Kleinbürgertums zugunsten des kapitalistischen Imperialismus gerade diese Seite des kleinbürgerlichen Weltanschauungsromans um 1900. Sie betrachtet dabei – schon aufgrund ihrer geschichtsphilosophischen Prämisse, das Proletariat sei in dieser geschichtlichen Phase der alleinige Träger des historischen Prozesses – nicht so sehr die Kapitalismuskritik, sondern mehr eine antisozialistische Grundhaltung als das wahre ideologische Zentrum dieser Gesinnungsromane.

Der bedeutsamste Roman dieser Sparte ist des Tischlersohns G. Frenssens »Jörn Uhl« (1901), einer der größten Bucherfolge der ersten Jahrhunderthälfte (Auflage: 1/2 Mill.). An diesem Buch kann man exemplarisch die Prinzipien des ganzen Genres studieren. Die Schlußsätze des Romans, in denen die Zentralfigur ihr Schicksal auf einen Nenner zu bringen versucht, könnten als Motto für die ganze Richtung gelten: »Obgleich er zwischen Sorgen und Särgen hindurch mußte, er war dennoch ein glücklicher Mann. *Darum, weil er demütig war und Vertrauen hatte.* Aber sei nicht zu weise [...]. Wir können es doch nicht raten [im Sinne von: zuwegebringen].« »Wie ein Prediger erzählt Frenssen dann *von* denen, *zu* denen er spricht.« (Soergel). Dieser in-group-Fiktion dienen alle Elemente seines Romans: nach dem Schema des Bildungsromans (das allerdings leicht zur Stationentechnik des Picaroromans abflacht) wird eine Lebensgeschichte erzählt, die zeittypisch sein könnte und die vor dem Erfahrungshorizont der Leser zur Affirmation einlädt; diese Erzähllinie wird von Exkursen überlagert, die die Vorfälle und Schicksale der erzählten Welt generalisierend in die Erlebniswelt der intendierten Leser transponieren und die Erzählwelt des Romans in die ideologische Wertewelt des Kleinbürgertums einpassen; der Erzähler bemüht sich um einen leserzugewandten Plauderton, der die Diktion bis in die Syntax hinein bestimmt. Das Entfremdungserlebnis derer, die vom Land in die Industriestädte getrieben worden waren oder deren kleine ökonomische Selbständigkeit in Gefahr stand, vollständig »verproletarisiert‹ zu werden, wird ästhetisch, aber eben nur ästhetisch aufgehoben. Im Roman sind sie wieder ›zu Hause‹. Frenssen und die Autoren dieser Gruppe erfüllen die Funktion kleinbürgerlicher Trostspender.

Zur *allg. Literatur* vgl. oben S. 39.

zu *Böhlau:* NDB II, 376 f. *(H. Schwerte).*

zu *Frenssen* vgl. IB II 2, S. 246 f.

A. Biese, G. Frenssens »Jörn Uhl«. Eine Zeiterscheinung und ein Lebensbild; Neues Jb. f. d. klass. Altertum, Gesch. u. dtsch. Lit. VII, 1904, S. 371–391.

F. X. Braun, Kulturelle Ziele im Werk G. Frenssens, masch. Diss. Ann Arbor, Mich. 1946 (Rez. v. *E. Koch,* JEGP 45, 1946, S. 470 f.; *W. F. Michael,* GQ 21, 1948, S. 136–138; *J. C. Blankenagel,* GR 23, 1948, S. 62–65).

G. Giesenfeld, Zum Stand der Trivialliteraturforschung; Das Argument 14, 1972, S. 233–242.

H. Heuberger, Die Agrarfrage bei Roseggers »Jakob der Letzte« u. »Erdsegen«, Frenssens »Jörn Uhl« und Polenz' »Büttnerbauer«, masch. Diss. Wien 1949.

A. Schmidt, Ein unerledigter Fall. Zum 100. Geburtstag von G. Frenssen, in: A. Sch., Ritter vom Geist, 1965, S. 90–165.

zu *v. Polenz: H. Heuberger* (s. bei Frenssen).

J. Poláček, W. v. Polenz' soziale Trilogie; Philologica Pragensia 5, 1962, S. 193–207.

M. Salyámosy, Das Ungarnbild eines Schriftstellers; Annales Univ. Scient. Budap. 2, 1971, S. 3–25.

zu *Stavenhagen: G. Cordes*, Niederdeutsche Mundartendichtung, in: *W. Stammler* (Hrsg.), Dtsch. Phil. im Aufriß, Bd. II, ²1960, Sp. 2433–2436.

W. Lindow, Das Sprichwort als stilistisches und dramaturgisches Mittel in der Schauspieldichtung Stavenhagens, Boßdorfs und Schureks, Niederdtsch. Jb. 84, 1961, S. 96–116.

zu *Stehr* vgl. *F. Richter*, H. Stehr-Bibliographie (1898–1964); Jb. d. Frdr.-Wilh.-Univ. Breslau 10, 1965, S. 305–349; Erg.: Jg. 14, 1969, S. 368–392.

Ders. (Hrsg.), H. Stehr, Schlesier, Deutscher, Europäer. Ein Gedenkbuch zum 100. Geburtstag des Dichters, 1964.

zu *Strauß* vgl. IB II 2, S. 570 f.

A. Abele, E. Strauß, Wesen und Werk, masch. Diss. München 1955.

R. Fritzsch, Die Beziehungen zwischen Mann und Frau bei E. Strauß, masch. Diss. Erlangen 1953.

P. Rilla, Heimatliteratur oder Nationalliteratur, in: P. R., Essays, 1955, S. 458–490.

zu *Viebig* vgl. *A. Schneider*, C. Viebig, Esquisse biographique et bibliographique; Annales Univ. Saraviensis – Philos.-Lettres 1, 1952, S. 392–400; vgl. auch: IB II 2, S. 602 f.

Anonym, Sie prangerte das kapitalistische Elend an; Neues Deutschland, Jg. 1960, Nr. 194.

U. Michalska, Cl. Viebig. Versuch einer Monographie, Diss. Poznań 1968 (mit Bibliogr.).

J. Poláček, Deutsche soziale Prosa zwischen Naturalismus und Realismus; Philologica Pragensia 6, 1963, S. 245–257.

zu *Wassermann* vgl. IB II 2, S. 610 f.

zu Interpretationen von »Der Fall Maurizius« vgl. Kindlers Literatur Lexikon, Bd. II, S. 2693.

J. C. Blankenagel, Human Fears in Wassermann's Writings; JEGP 50, 1951, S. 309–319.

H. Emmel, Das Gericht in der dtsch. Literatur des 20. Jh.s, 1963, S. 22–35.

R. Kaech, Doktor Kerkhovens drei Existenzen. Als Hinweis auf den Schriftsteller J. Wassermann; Schweiz. Monatsh. 51, 1970/71, S. 419 bis 431.

B. Kreutzer, Das dualistische Gestaltungsprinzip bei J. Wassermann, masch. Diss. Bonn 1950.

H. Mayer, Der Fall J. Wassermann, in: H. M.: Literatur der Übergangszeit, 1949, S. 177–181.

A. W. Porterfield, Behind the Scenes with Wassermann; JEGP 50, 1951, S. 141–155 (mit Lit.ang.).

K. Schnetzler, »Der Fall Maurizius«. J. Wassermanns Kunst des Erzählens, Bern 1968.

G. Stix, Trakl und Wassermann, Rom 1968.

P. Stöcklein, Moderne zwischen Genialität und Trivialität: Der kluge Kopf im Atelier: der Essayist J. Wassermann, in: P. St., Literatur als Vergnügen und Erkenntnis, 1974, S. 100–106.

W. Voegeli, J. Wassermann und die Trägheit des Herzens, Winterthur 1956 (mit Lit.ang.).

A. Bartels urteilte im Sinne vieler Zeitgenossen, wenn er G. Frenssen und verwandte Autoren der gehobenen Unterhaltungsliteratur zuordnete; der kleinbürgerliche lebenshelfende Weltanschauungsroman vermochte sicherlich die Deutungsbedürfnisse derjenigen Leserschichten nicht vollständig zu befriedigen, deren literarische Ansprüche stärker sublimiert waren. In dieser Weise ist wohl zu verstehen, wenn P. Fechter z. B. an A. Miegel rühmt, sie sei »von der dichterischen, nicht von der schriftstellerischen Seite her an ihre Arbeit gegangen«. (»Gesch. d. dtsch. Lit.«, S. 715.)

Ein Niederschlag solcher im bürgerlichen Kulturmuster festgelegter Erwartungen findet sich in der von der Germanistik fast ein halbes Jahrhundert lang lebhaft begrüßten »*Erneuerung der Ballade*« um 1900; für einige Jahre ergriff Schreiber und Leser nachgerade eine ›Balladenwut‹. Diese Renaissance eines literarischen Genres ist von Literarhistorikern selten als ein nur formengeschichtliches Ereignis gedeutet worden; dazu ist der *geschichtliche Aspekt* dieser Form selbst zu sehr mit Ausdrucksfunktionen belastet. Im Grunde ist diese Renaissance der Ballade, deren hauptsächliche Träger B. v. Münchhausen, A. Miegel und L. v. Strauß und Torney waren, die Renaissance einer Renaissance der Ballade; sie knüpft nämlich bei der Selektion der historisch charakteristischen Formelemente der Gattung ›Erzählgedicht‹ an eine Phase innerhalb der Gattungsgeschichte an, die selbst sehr starke Tendenzen der ›Erneuerung‹ zeigt: beim Sturm und Drang. Sie übernimmt nicht nur die spezifischen Formelemente der ›nordischen‹ Volksballade des Sturm und Drang, sie übernimmt vor allem auch deren refeudalisiertes Gesellschaftsarrangement und deren vornaturwissenschaftliches Weltbild; es ist fast ausschließlich von Helden, Königen, großen Einzelfiguren oder ganz ungeschichtlichen Gestalten aus dem ›Volke‹ die Rede, von Wassermännern, Feen und dunklen Mächten, und zwar in genauer Erfüllung der vermeintlichen Gattungsgesetze. Man würde diesen stupenden Anachronismus mit Ausdrücken wie ›epigonal‹ oder ›antiquarisch‹ nicht adäquat bezeichnen, weil damit der Blick einseitig auf eine innerliterarische Perspektive eingeengt wäre und zudem das aktivische Moment einer bewußten Traditionswahl unterschlagen würde.

Dieser breitere historische Zusammenhang wird schon durch eine die Balladenproduktion teils begleitende, teils germanistisch nachgelieferte *Theorie* der erneuerten ›nordischen‹ Ballade eröffnet. Denn Münchhausen ›erneuert‹ die Ballade als heroische Ballade deutlich unter antisozialistischem Aspekt: »[...] nichts ist mir fataler als Kleineleutegeruch, Armeleutemalerei, schlesische Waschweibersprache, all das heiße Bemühen, mit subtilsten Mitteln die Sprache und Sprachgewohnheiten der Plebejer nachzuahmen. Mich interessiert der dritte und vierte Stand nur sozial, nicht künstlerisch.« Und W. Kayser deckt die allgemeinen politisch-ideologischen Bezugspunkte auf, wenn er erkennen will: Daß die neue ›numinose‹ Ballade »eben um die Jahrhundertwende durchbrach, war eine Kampfansage bisher zurückgedrängter stammestümlicher und rassischer Kräfte gegen die vom bürgerlichen Geiste bestimmte Literatur«. (»Gesch. d. dtsch. Ballade«, S. 287 f.) So gehören die Balladen der Miegel, Strauß und Torney und Münchhausen unangefochten zum Bestand der völkisch-national-konservativen Literatur; sie werden nicht allein als literarische Gegenmanifestationen zu den modernen Neufassungen des Erzählgedichts (A. Holz, F. Wedekind, Chr. Morgenstern), sondern vor allem als Gegenmanifestationen gegen die neuzeitliche Entwicklung insgesamt gewertet. Unterm löchrigen Deckmantel einer Doktrin von der ›Jugendgemäßheit‹ der Ballade wurden solche Manifestationen über den Schulunterricht bis vor kurzem im allgemeinen literarischen Bewußtsein befestigt und institutionalisiert.

So sind gerade dieser Traditionswahl und diesen literarischen Gegenprogrammen *funktionale Bedeutung* im allgemeinen soziokulturellen Rahmen zuzuschreiben. In der ›erneuerten‹ Ballade und ihrer begeisterten Aufnahme artikuliert und formuliert sich ein spezifisches Welt- und Geschichtsbewußtsein; die geschichtspessimistische Erfahrung der Gegenwart wird stilistisch und mythologisch vermittels eines literarischen Gestus überhöht, der auf die Vormoderne zurückgreift, Geschichte zum Mythos, zur Sage, zum Märchen verunklärt und die heroische Dulderpose als die angemessene Haltung gegenüber einem als Schicksal erlebten irrationalen Vorgang proklamiert. Die literarische Kommunikation wird sehr nachhaltig zu einer gesellschaftlichen Interaktion. So erstaunt es denn auch nicht, die Protagonisten der ›erneuerten‹ Ballade nach 1933 fest an der Seite der Machthaber zu sehen. Vor solchem Hintergrund erscheinen die durchaus auszumachenden Unterschiede zwischen den einzelnen Autoren dieser Bewegung eingeebnet; ein Blick auf die Deutungsgeschichte rechtfertigt solche Generalisierungen. Diese Balladen »lassen sich gut zur Einübung einer seelischen Haltung, die dasjenige Schicksal sollte tragen helfen, das man ihren Lesern unterdessen bereitete«. (N. Mecklenburg) Und zwar nicht erst nach 1933, sondern schon nach 1914; und sie versagten auch nach 1945 nicht ihren Dienst.

Allgemeine Literatur:
K. *Bräutigam* (Hrsg.), Die deutsche Ballade. Wege zu ihrer Deutung auf der Mittelstufe, ⁵1971.
J. *Donnenberg*, Zur Balladen-Forschung; Lit.wiss. Jb. 10, 1969, S. 388–394.
A. *Elschenbroich*, Wahrheit der Dichtung in der Ballade, in: Sprachpädagogik. Literaturpädagogik. Festschrift f. H. Schorer, 1969, S. 143–157.
H. *Fromm* (Hrsg.), Deutsche Balladen, 1965, S. 373–376.
W. *Hinck*, Die deutsche Ballade von Bürger bis Brecht, ²1972.
W. *Kayser*, Geschichte der deutschen Ballade, 1936.
N. *Mecklenburg*, Kritisches Interpretieren, 1972, S. 145–163.
W. *Müller-Seidel*, Die deutsche Ballade. Umrisse ihrer Geschichte, in: R. *Hirschenauer* und A. *Weber* (Hrsg.), Wege zum Gedicht II, ²1964, S. 17–83.
M. *Wagner*, Die Kunstballade und die Logik der Dichtung; GRM 53, 1972, S. 75–86.

zu *Miegel* vgl. IB II 2, S. 468; zu Interpretationen von Einzeltexten vgl. R. *Schlepper*, Was ist wo interpretiert, 1970, S. 152 f.
G. *Cwojdrak*, Lesebuch und Weltbild, 1968.
K. D. *Hoffmann*, Das Menschenbild bei A. Miegel, 1969.
H.-G. *Kyritz*, Das Unbewußte im Dichtungserlebnis A. Miegels. GQ 44, 1971, S. 58–68.
A. *Piorreck*, A. Miegel, 1967.

zu *Münchhausen* vgl. IB II 2, S. 476; zu Interpretationen von Einzeltexten vgl. R. *Schlepper*, a.a.O., S. 158.
H. L. *Scher*, The German Ballad. Tradition and Transformation. Münchhausen and Brecht, Diss. Yale Univ. 1967 (DA 28, 1967/68, 4646/47 A).

zu *Strauß* und *Torney* vgl. IB II 2, S. 571; zu Interpretationen von Einzeltexten vgl. R. *Schlepper*, a.a.O., S. 190.

Th. Heuss und *L. v. Strauß und Torney*, Ein Briefwechsel, 1965.

I. Seidel, Frau und Wort, 1965, S. 66–75.

L. Zander, Die Balladen der L. v. Strauß und Torney, masch. Diss. Greifswald 1951.

R. Ziemann, L. v. Strauß und Torney: Die Bauernführer; Wiss. Zs. d. Univ. Halle-Wittenberg 10, 1961, S. 132–134.

Bestimmt von ihrer sozialwissenschaftlichen Fundierung, haben die Faschismustheorien auf das Kleinbürgertum als den wichtigsten Träger der rechten Massenbewegung in den hochindustrialisierten Gesellschaften verwiesen. So ist es erklärlich, daß die kleinbürgerliche Ideologiebildung und deren literarischer Niederschlag gerade in der als Konstituierungsphase einzuschätzenden Wilhelminischen Epoche eine bevorzugte Beachtung verdienen. Darüber gleiten allerdings zu leicht ideologische und literarische Positionen aus dem Blickfeld, die sich nicht oder nur schwer mit der kleinbürgerlichen Grundlage der rechten Massenbewegungen vermitteln lassen und die auch nie Massencharakter gehabt haben; im Gegenteil, solche isolierten Positionen wurden oft gerade wegen ihrer sektiererischen Esoterik ausdrücklich vom ›Faschismusverdacht‹ befreit und erst bei späteren Verbindungen mit politischen Bekenntnissen als Manifestationen eines unguten Zeitgeistes betrachtet. Der ›moderne‹ Ästhetizismus um 1900 gilt – zumindest im Westen – ausdrücklich als Garant dafür, daß auch die deutsche Literatur die Höhe der Neuzeit erreicht habe. Seine Abkunft vom intellektuellen Flügel der Romantik und die vermittelnde Funktion der französischen Moderne einerseits sowie der traditionalistische, antimoderne, ›volksromantische‹ Charakter der offiziellen Literatur des III. Reichs andererseits besiegelten solche Einschätzung; vor allem in der Phase des ›Kalten Kriegs‹ wirkte die orthodox marxistische Formalismuskritik ex negativo verstärkend ebenfalls in diese Richtung. Die Differenzierungen im Sinne der Heteronomiethese, die in der Zeitgeschichtsforschung an Raum gewinnt (M. Broszat, W. Conze, H. Mommsen), wären allerdings auch von der Literaturwissenschaft im Hinblick auf die literarischen Prozesse zu leisten (U.-K. Ketelsen, A. Mohler). Dabei ist indes nicht zu verkennen, daß solchen Spezifikationsversuchen oft (z. B. bei Mohler) ziemlich deutlich rettende Intentionen zugrunde liegen.

Genau wie die bislang angeführten Versuche kleinbürgerlicher Realitätsbewältigung ist der ›moderne‹ Ästhetizismus seit der Jahrhundertwende eine deutliche und bewußte Antwort auf das neue Industriezeitalter und seine gesellschaftliche Organisation; die starke Ästhetisierung solcher weltanschaulichen Äußerungen ist bereits Teil eben dieses Reaktionsprogramms. St. George und R. Borchardt sind in diesem Sinn am meisten zu beachten, und zwar nicht so sehr, weil sie in fortgeschrittenen Stadien der geschichtlichen Entwicklung die politisch-ideologischen Implikationen ihres esoterischen Ästhetizismus selbst manifestiert haben, sondern weil ihr Ästhetizismus von seinem Ursprung an als reaktiver Widerstand und zeitüberwindender Gegenentwurf inszeniert war. Der grundlegende Impuls, der den Ästhetizismus bewegte, war derselbe antineuzeitliche Affekt, der auch die kleinbürgerliche Massenliteratur motiviert; allerdings beugte er die Kunst nicht in den Dienst sozialer Selbstvergewisserungs- und Tröstungsprogramme, er erhob vielmehr die moderne Entfremdung gerade zur unausweichlichen Bedingung des Lebens und deklarierte Kunst zur absoluten Negation aller gesellschaftlichen Realität. Denn seine Adressatengruppen waren durch die Entwicklung eher geistig als unmittelbar wirtschaftlich bedroht. Solche Realitätsabweisung ist nicht ausschließlich gesellschaftsfremd oder -gleichgültig, sondern – wie das programmatische Vorwort zur ersten Nummer der »Blätter für die Kunst« ausführt – gesellschaftskritisch gemeint, demnach dialektisch gerade auf die Gesellschaft bezogen. Wahre Kunst ist Entwurf hin auf einen Gegensinn. Hier finden sich die ersten Spuren jener Ästhetisierung der Politik, die W. Benjamin als so überaus typisch für den Faschismus empfand.

Die hochartifizielle Lyrik *Georges* zeigt eine der Möglichkeiten eines reaktiven Ästhetizismus, der in Deutschland allerdings nur wenige Vertreter gefunden hat; neben Jünger und Benn intendierten ihn noch am ehesten A. Speer und vielleicht A. Breker. Der »kalte Stil« (A. Mohler) des esoterischen Ästhetizismus Georges ist keine bloße Schreibtischattitüde, sondern existenziell gemeinte Stilgebung; er ist erstrebte Äußerung eines konsequenten Lebens, das gegen die Kapital- und Produktionsinteressen des bürgerlich-liberalen Kapitalismus »in Form« gebracht werden soll. Wie sehr dieses Leben aber (nicht nur in seinen äußeren Bedingungen) der so schroff abgelehnten gesellschaftlichen Realität des modernen Industriestaats verfallen blieb, bezeugt die kostbare Inhumanität des Algabal genauso wie die sinnverkehrende Sinnrede für den jungen Führer im Weltkrieg; zeigt die aufs Äußerste gespannte Formgebung des poetischen Werks, die intellektuell als Kunstgebild herstellen

soll, was die Wirklichkeit verweigert, die aber der leblosen
Starrheit eines Produkts entfremdeter Industriearbeit verwand-
ter ist als der ›inneren‹ Form des autonomen Gedankenent-
wurfs; offenbart schließlich die als Vergöttlichung gemeinte
Preisung Maximins, die schon Züge kinematographischer Idoli-
sierung erahnen läßt. Nicht in pro-und-contra-Entscheidungen,
die die Beweihräucherung durch den ›Kreis‹ und die Brauch-
barkeit fürs III. Reich so nahelegen, besteht die Aufgabe, George gerecht zu werden, sondern darin, im Unwahren das
Wahre noch erscheinen zu lassen, das durch die Täuschung hindurch sich in der Krise der Zeit ausspricht. Die allerneueste
›George-Forschung‹ mag davon allerdings nichts mehr wissen
und läßt sich dafür als Manifest der jüngsten ›Tendenzwende‹
in der BRD belobigen (vgl. K. Korn zu M. Durzak, FAZ Nr.
21, 25. 1. 1975).

Die Erfahrung der Krise mußte sich verschärfen, sobald das
Vertrauen zu den sprachidealistischen Prämissen des zeitoppo-
sitionellen Ästhetizismus zerbrach, die Sprache sei ein autono-
mer, geschichtsunabhängiger Bereich, und sobald offenbar wurde, daß auch Sprache in den Prozeß der geschichtlichen Veränderungen hineingezogen ist. In einer Welt der uneigentlichen,
vermittelten Beziehungen unter dem Primat technologisch or-
ganisierter Arbeitsprozesse und auf dem Geld aufruhender So-
zialbeziehungen zerfällt für das bildungsbürgerliche, an der Literatur der Klassik ausgebildete Sprachbewußtsein auch die
Sprache. Den Ästhetizisten verkürzt sich die Kritik an solchen
Veränderungen allerdings nur zu leicht zur allein sprachbezo-
genen Kritik. So versteht *R. Borchardt* seine formstrenge Lyrik als Rettung der Sprache vor der nivellierenden Gewalt des
›Geredes‹; er glaubt, solche Rettung nicht mehr in der ›alchimie
des verbes‹ der modernen Sprachchiffriertechnik leisten zu
können, sondern im radikalen Rückgriff auf alte, vor allem an-
tike und mittelalterliche Sprachformen; sein extremer Traditionalismus schlägt so um in einen konsequenten Modernismus.
Seine Poesie in Analogie musikalischer Konstruktionsprinzipien
zielt auf keine Kommunikation, auf keine lebenströstende Bot-
schaft; es geht um die Manifestation der objektivierten Sprache
selbst, die gegenüber einer zersplitterten und egalisierten Welt
alle Individualitätsentäußerung verweigert. Der Katastrophe
der Zeit wird die »Epiphanie der Sprache« (Adorno) abgerun-
gen.

In der Tradition des deutschen literarischen Widerstands gegen die
industriellen-zivilisatorischen Geschichtsprozesse ist der ›Kältean-

spruch‹ des modernen Ästhetizismus außer bei Benn und Jünger nie erfüllt worden; der moderne Formalismus wird in milderer Form nach 1945 Medium der spätexistenzialistischen Bestandsaufnahme einer im geschichtlichen Untergang entleerten Welt (N. Sachs, P. Celan, G. Eich); oder er wird mit romantisch-christlichen Reminiszenzen verdünnt zur verharmlosenden Heimelichkeit der M. Hausmann und R. A. Schröder, die zu lyrischen Lieblingskindern der gutbürgerlichen Nachkriegsrestauration aufrückten. Das wäre einer der unliebsamen Komplexe, die im Zusammenhang der Traditionsbewertung durchdacht werden müßten.

H. Friedrich, Die Struktur der modernen Lyrik, erw. Neuausg. 1967.

M. Kesting, Aspekte des absoluten Buches bei Novalis und Mallarmé, Euph. 68, 1974, S. 420–436.

H. Tiedemann-Bartels, Versuch über das ästhetische Gedicht. Baudelaire, Mallarmé, George, 1971.

zu *Borchardt* vgl. *G. C. Buck*, R. Borchardt. Bibliogr., 1958; IB II 2, S. 137 f.; zu den pol. Schriften: *A. Mohler*, Kons. Rev., ²1972, S. 320.

Th. W. Adorno, Die beschworene Sprache. Zur Lyrik R. Borchardts, in: Th. W. A., Noten zur Literatur IV, 1974, S. 63–89.

G. Hillard, R. Borchardt als metapolitischer Dichter; NDH XVIII, 1971, S. 26–37.

W. Kraft, R. Borchardt. Welt aus Poesie und Geschichte, 1961.

J. Prohl, H. v. Hofmannsthal und R. Borchardt, 1973.

zu *George* vgl. IB II 2, S. 255–262; *H. Naumann*, St. George-Schrifttum zum Gedenkjahr 1968, ZfdPh 92, 1973, S. 560–81.

Th. W. Adorno, George und Hofmannsthal, in: Th. W. A., Prismen, 1955, S. 232–282.

M. Durzak, Autonomes Gedicht und politische Verkündigung im Spätwerk Georges; Sprachkunst IV, 1973, S. 81–90.

G. Grimm, K. Wolfskehl und St. George. Zum Problem des Epigonentums, in: Festschrift f. K. H. Halbach, 1972, S. 407–426.

E. Heftrich (Hrsg.), St. George-Kolloquium, 1971.

P. G. Klussmann, St. George. Zum Selbstverständnis der Kunst und des Dichters in der Moderne, 1961.

K. Landfried, St. George – Politik des Unpolitischen, 1971.

H. Linke, Das Kultische in der Dichtung St. Georges und seiner Schule, 1960.

G. Mattenklott, Bilderdienst. Ästhetische Opposition bei Beardsley und George, 1970.

E. Morwitz, Kommentar zu dem Werk Georges, 1960.

W. Rasch, St. Georges Algabal. Ästhetizismus und gesellschaftliches Engagement, in: *V. Lange* und *H.-G. Roloff* (Hrsg.), Dichtung-Sprache-Gesellschaft, 1970, S. 579–89.

G. Selba, Das Ärgernis St. George; Colloquia Germanica, Jg. 1970, S. 202–231.

M. Winkler, St. George, 1970 (mit Bibliogr.).

Als Reflex auf die Veränderungen im kleinbürgerlichen Erfahrungs- und Bewußtseinsbereich und als Ergebnis des sich verschiebenden politischen Kräftegefüges am Vorabend des 1. Weltkriegs tritt um 1910 eine *aktionistische Form des Weltanschauungsromans* hervor, der wie eine rüdere Variante des Heimat- und Gesinnungsromans der Jahrhundertwende aussieht. Zwar wird weiterhin die Fiktion aufrechterhalten, daß die ›Kunst‹ die politische Szene nicht direkt thematisieren dürfe, aber die offene Politisierung breiterer Gruppen zugunsten der nationalistischen und expansionistischen Tendenzen der herrschenden Alliance von Adel und Industriebürgertum (Gründung des Kolonialvereins 1882, des Alldeutschen Verbands 1891, des Flottenvereins 1898) schlägt sich in der Literatur nieder, wenn auch mit bemerkenswerter Verspätung.

Diese verschärfte Situation läßt sich deutlich an der Romanproduktion beobachten, wobei H. Popert (»Helmut Harringa«, 1910), H. Burte (»Wiltfeber der Deutsche«, 1912), vor allem aber H. Löns (»Der Wehrwolf«, 1910) die wichtigsten Autoren sind, von denen Burte und Löns zu den erfolgreichsten Schreibern der ersten Jahrhunderthälfte überhaupt zählen (»Wehrwolf«-Aufl.: weit über 1/2 Mill.). (In der Nachschau zeigen sich die Nordamerika-Romane K. Mays in gewisser Weise als Vorläufer dieser Produktion.)

An H. Löns ist das fortgeschrittene Stadium des kleinbürgerlichen Massenromans besonders gut zu beobachten. Er trennt seine journalistischen Arbeiten (in denen er die politischen Positionen der kleinbürgerlichen Abonnenten seiner Zeitungen vertritt) von seinen literarischen, in denen er einen unpolitischen Schein zu wahren versucht. Großen Erfolg hatte er mit seinen Tier- und Heidegeschichten, die eine neue Phase der Naturschilderung einleiten. Die Schicksale innerhalb dieser Erzählwelt sind vom ›Gesetz der Natur‹ beherrscht. Aus der Perspektive der jeweiligen Lebensgegebenheiten wird der Kampf um Leben und Tod in der ›freien Natur‹ dargestellt; der Stärkere und besser an die Bedingungen des Überlebenskampfs Angepaßte siegt. ›Natur‹ auf dieser Grundlage erscheint als das Gegenbild zur egalitären, industriellen Zwangsgesellschaft. Dieses Natur- und Lebensprinzip wird in den Roman aus dem 30jährigen Krieg »Der Wehrwolf« übertragen. »Besser fremdes Blut am Messer, als ein fremdes Messer im eigenen Blut!« ist das Gesetz der Erzählwelt; die Handlung reiht in Stationentechnik – teilweise lustvoll grausame – Totschlagszenen aneinander. Idylle und Gewaltsamkeit gehen eine bemerkenswerte Verbindung ein. Das Sinnieren der Heimat- und Weltanschauungsromane ist einem Aktionismus gewichen, die als ›Humor‹ ausgegebene resignative Affirmation wird durch eine sich vitalistisch gerierende Teilnahmslosigkeit ersetzt. Wie sehr der antisozialistische Affekt innerhalb dieses einen Jahrzehnts nach vorn getreten ist, erkennt man an der Darstellung derer, die die Kriegswirren entwurzelt haben; hinter ihnen sind deutlich die Entwurzelten der sozialen Veränderungen der Gegenwart zu erkennen. Sie werden als Gesindel totgeschlagen. Da in Burtes »Wiltfeber« stärker räsoniert wird, zeichnet sich die Verschärfung des antisozialistischen Elements im kleinbürgerlichen Gesinnungsroman vor dem Weltkrieg dort noch eindeutiger ab als bei Löns. So wird Burte von der nationalsozialistischen Kritik einhellig als einer der ersten im Prinzip nationalsozialistischen Autoren gepriesen.

zu *Burte* vgl. IB II 2, S. 193; *A. Mohler,* Kons. Rev., ²1972, S. 317.
F. Burda (Hrsg.), H. Burte 80 Jahre, 1959.
zu *Löns* vgl. IB II 2, S. 412 f.; *A. Mohler,* Kons. Rev., ²1972, S. 315 f.
F. X. Braun, H. Löns and the Modern Animal Tale; Monatshefte/Wisc. XL, 1953, S. 76–80.
H. Dugall, H. Löns, 1966.
H. Heyworth, Natur und Wissenschaft bei H. Löns, masch. Diss. München 1949.
J. Klein, H. Löns, 1966.
U. Kothenschulte, H. Löns als Journalist, 1968.
R. Minder, Lüneburger Heide, Worpswede und andere Heide- und Moorlandschaften, in: R. M., Dichter in der Gesellschaft, 1966, S. 265–286.
S. Radcliffe, H. Löns. Heimatkünstler and Social Critic; GLL XIII, 1959/60, S. 27–37.
K. Stetter, H. Löns, der Übersetzer. Gedanken zum Problem der Vermenschlichung in der modernen Tiergeschichte; Annali. Instituto Orientale di Napoli. Sez. Germ. 12, 1969, S. 351–371.

Der kleinbürgerliche Antimodernismus mit seinen Strategien der Tröstung und der lebenshelfenden Anpassung sowie die ästhetisch-literarische Opposition gegen den bürgerlichen Industriestaat blieben nach 1900 nicht die einzige bürgerliche Oppositionsbewegung. Von Bedeutung war innerhalb der völkisch-national-konservativen Literatur vor allem noch die *Jugendbewegung,* eine in Fraktionen zersplitterte Assoziation des Nachwuchses vor allem des Bildungsbürgertums, die mit ihrem antiindustriellen Romantizismus schnell in die Jugendgruppierungen anderer Schichten und Klassen ausstrahlte. Mit ihrer ›Reformpädagogik‹, die als eine Anleitung zu einem ganz anderen, ganz neuen, ›wesentlichen‹, menschengemäßen Leben gedacht war und das volle Spektrum menschlicher kreativer Möglichkeiten im Rückgriff auf ›Natur‹ entfalten sollte, hat sie einen immensen Einfluß auf die deutsche Schultheorie und am Ende auch -praxis bis auf den heutigen Tag; sie bekam dabei auch ausländischen Zuzug (E. Key, M. Montessori).

Gerade an der Jugendbewegung kann man die Doppeldeutigkeit der bürgerlichen Oppositionsbewegung mit ihrem antimodernistischen Weltbild studieren: in der Verteidigung ihrer bedrohten privilegierten Freiheiten durch den industriellen Massenstaat und seine demokratischen Organisationsweisen formuliert sie einen gesamtgesellschaftlichen humanen Anspruch, den sie in der Realität allerdings nicht einzulösen vermochte, im Gegenteil. Der romantische Antikapitalismus des »Hinaus aus grauer Städte Mauern«, die anempfundene Süße einer Landsknechtsanarchie, die bürgerliche sentimentale Liebe fürs Handgemachte und Handgewebte (H. Breuer, »Die Lieder des Zupfgeigenhansl«, 1908) überstanden die Phase der jugendlichen Anpassungsrevolten nicht. Der jugendbewegte Antimodernismus war bald in die Gesamttendenz der wilhelminischen Ära eingepaßt, ja er wurde sogar einer der Schrittmacher der Kriegsideologisierungskampagnen und der antisozialistischen Einpassungsstrategien. Langemarck ist das grausige reale Monument dieser Niederlage, des Gymnasialprofessorssohns W. Flex' Erfolgsroman »Wanderer zwischen zwei Welten« (1917) das literarische (Aufl. bis 1940: 682 000).

Flex greift auf die Strukturformen des kleinbürgerlichen Gesinnungsromans zurück: »Helden und Handlungen waren lediglich Verkörperungen von Ideen und politisch-ethischen Gegenbildern zur Wirklichkeit. Dauermonologe, Pamphlete und Predigten bestimmten daher die literarische Struktur.« (Gesch. d. dtsch. Lit., Bd. IX, hrsg. v. H. Kaufmann, S. 317) ›Wesentliches‹ Leben, verweltlichte deutsche Christlichkeit, ›Natur‹, ›Persönlichkeit‹, Gemeinschaft, romantisierter Krieg sind die ideologischen Fixpunkte. Die stark autobiographischen Züge des Romans haben sicher nicht wenig dazu beigetragen, daß eine Generation sich in seinen Zentralgestalten artikuliert glaubte.

Autoren wie E. Lissauer oder G. Sack treten deutlich hinter Flex zurück.

Zur *allg. Lit.* vgl. *F. Blättner,* Gesch. d. Pädagogik, [11]1965, S. 238; *A. Mohler,* Kons. Rev., [2]1972, S. 256–272.

W. *Jantzen*, Jugendbewegung und Dichtung, 1960.

J. *Müller*, Die Jugendbewegung als deutsche Hauptrichtung neukon-
servativer Reformen, Zürich 1971.

H. *Pross*, Jugend. Eros. Politik. Geschichte der deutschen Jugendver-
bände, 1964.

Th. Wilhelm, Pädagogik der Gegenwart, 1960, S. 15–67.

Ch. Ziegler, Die literarischen Quellen des Zupfgeigenhansl, masch.
Diss. Göttingen 1951.

zu *Flex* vgl. IB II 2, S. 241.

E. *Keller*, Nationalismus und Literatur, 1970, S. 41–53.

J. *Klein*, W. Flex, ein Deuter des Weltkrieges, 1929.

W. *Klose*, »Soldatentod«. Interpretation dreier Texte von Flex, Jünger und Polgar, WiWo VIII, 1957/58, S. 33–40.

A. *Prugel*, Ein Wanderer ins Nichts: W. Flex, in: *K. Schwedhelm*
(Hrsg.), Propheten des Nationalismus, 1969, S. 124–138.

Wie sehr die Opposition gegen den modernen Industriestaat
und seine gesellschaftlichen und ideologischen Manifestationen
am Ende doch nur verbalistisch waren, wie wenig Not oder
Unbehagen zum fundamentalen Widerspruch führten, zeigte
sich nach 1910, besonders aber nach 1914, als das ganze Anti-
modernismuskonzept in allen seinen Schattierungen vermittels
einer breitgestreuten *Kriegsessayistik* plötzlich in den Dienst einer deutschen Lösung der Krise des neuzeitlichen Kapitalismus
gestellt wurde; es wurde nun nur noch gegen die westeuropäischen Staaten gewendet und das wilhelminische Deutschland
stellt sich als ein ›Kultur‹staat aus deutscher Tradition dar, dessen ›zivilisatorische‹ Züge allenfalls Überfremdung durch an-
glofranzösische Einflüsse waren. Ja, selbst die annektionistische
Kriegszielpolitik wurde noch verbrämt und abgesegnet. Die gesamte völkisch-national-konservative Opposition schwenkte
mit einem Schlag auf die bourgeoise Kriegspolitik ein, ohne
das ideologische Gebäude preiszugeben; im Gegenteil, es wurde noch ausgebaut.

Diese auf den ersten Blick denkwürdige Konstellation hatte
sich bereits um 1910 angedeutet, etwa in Antworten, die auf
R. Schickeles Frage eingingen, welcher Zusammenhang zwischen
Autor–Verlag–Leser bestehe (1909), in Fr. Gundolfs und
Fr. Wolters' »Jahrbuch f. geistige Bewegung« (1910/12), in
K. Hillers Werbung für eine ›Politik des Geistes‹, in W. Ra-
thenaus Suche nach der ›Seele‹ des Zeitalters, in den Aktivitäten
des von J. Winckler initiierten Kreises der ›Werkleute von
Haus Nyland‹ zugunsten einer nicht-sozialistischen Literatur
der Arbeitswelt. Diese Aktivitäten, die teilweise auch als Wi-

derspruch gegen zaghafte ›fortschrittliche‹ literarische Versuche zu verstehen sind, weisen auf verschärfte ideologische Beunruhigungen und zukünftige Parteiungen hin.

1914 standen mit ganz wenigen Ausnahmen (etwa St. George) die älteren Autoren – und sei's auch nur vorübergehend (wie R. M. Rilke, A. Döblin) – auf der Seite der Kriegspartei. So rechtfertigten etwa R. Borchardt, R. Dehmel, G. Hauptmann, A. Kerr, Th. Mann, R. Musil, M. Scheler den Krieg als einen ›deutschen Krieg‹; O. Flake und Th. Mann polemisierten gegen H. Mann – G. Hauptmann, Fr. Gundolf und Th. Mann gegen R. Rolland; im Oktober 1914 unterzeichneten u. a. R. Dehmel, L. Fulda, G. Hauptmann eine Kriegsresolution, 1915 wurden R. Dehmel, G. Hauptmann, R. A. Schröder mit dem preußischen ›Roten Adler-Orden‹ belohnt. Die Bekenntnisse wurden akkompagniert von kriegsaffirmativer Poesie (E. Lissauer »Haßgesang gegen England« 1914, R. A. Schröder; K. Bröger, H. Lersch »Herz! Aufglühe dein Blut!« 1916), zeitgerechter Massenliteratur (H. Courths-Mahler »Die Kriegsbraut« 1915, R. Herzog »Die Stoltenkamps und ihre Frauen« 1917, W. Bloem »Vormarsch« 1916), von Heftchenreihen des Berliner Scherl-Verlags, in denen Helden des See- und Luftkriegs auf Spuren, die H. Löns getreten hatte, ihr darwinistisches Kriegsbild ausbreiteten, von patriotischer und kriegsbegeisterter Tagesdramatik.

Unter diesen vielfältigen Aktivitäten sind neben M. Schelers »Der Genius des Krieges und der deutsche Krieg« (1915), Th. Manns »Betrachtungen eines Unpolitischen« (1918) das weitaus bedeutsamste Dokument. Dieser Essayband faßt in gewisser Weise die Linie der ideologischen und literaturtheoretischen Entwicklung innerhalb der völkisch-national-konservativen Literatur seit 1890 zusammen und schält ihren antimodernistischen Kern heraus. Zugleich stellt er dieses Konzept in den Dienst des expansionistischen Nationalismus, indem er den Krieg zu einer Auseinandersetzung zwischen der deutschen ›Kultur‹ und der westeuropäischen ›Zivilisation‹ erklärt. Das Buch ist auch bedeutsam, weil sich daran über die bloße Ideologiegeschichte hinaus die persönlichen Produktions- und Rezeptionszusammenhänge festmachen lassen, in die das Buch und die darin vertretenen Vorstellungen eingebunden sind; dahinter wird das zeitgeschichtliche Geflecht politischer Strömungen und Konstellationen sichtbar, die über ein halbes Jahrhundert bis heute hin die deutsche Geschichte mitbestimmt haben.

P. E. Hübinger, Th. Mann, die Universität Bonn und die Zeitgeschichte, 1974.

H. *Jarka,* Soldatenbriefe des ersten Weltkriegs und nationale Bildungsideologie; Monatshefte/Wisc. 67, 1975, S. 157–166.

H. *Koopmann,* Th. Mann, 1975, S. 82–124.

H. J. *Maitre,* Th. Mann. Aspekte der Kulturkritik in seiner Essayistik, 1970.

H. *Mayer,* Th. Mann: die politische Entwicklung eines Unpolitischen, in: Festschrift f. F. Beißner, 1974, S. 237–255.

H. *Mörchen,* Schriftsteller in der Massengesellschaft, 1973.

K. *Schröter,* Der Chauvinismus und seine Tradition. Deutsche Schriftsteller und der Ausbruch des Ersten Weltkriegs, in: K. Sch., Literatur und Zeitgeschichte, 1970, S. 7–46.

K. *Schwabe,* Wissenschaft und Kriegsmoral. Die deutschen Hochschullehrer und die politischen Grundfragen des Ersten Weltkrieges, 1969.

K. *Sontheimer,* Antidemokratisches Denken in Deutschland, 1962.

Die Literaturwissenschaft hat sich bislang vorwiegend mit textanalytischen und ideologischen Aspekten der völkisch-national-konservativen Literatur der wilhelminischen Ära beschäftigt. Über die Institutionen, die den literarischen Betrieb dieser Zeit trugen, ihre Verbindungen zu den politischen Kräften und Einrichtungen ist wenig bekannt, etwa über die zusammen mit dieser Literatur entstehenden Verlage (z. B. Langen, Diederichs, dann auch Fischer), ihre Programme und Verbindungen. Kaum bekannt sind die Zensurpraxis oder die vielfältigen Versuche, die Verlage in die Weltkriegsstrategie zu integrieren; auch die unterschiedlichen Schriftstellergruppen (mit Ausnahme des George-Kreises) und die gesellschaftlichen Zirkel (wie Germanenbünde, der Bayreuther Kreis, die Thule-Gesellschaft) sind erst wenig unter die Lupe genommen worden, obwohl sie für die Entwicklung der Weimarer Republik nicht unwesentlich sind.

Auftakt zur Literatur des 20. Jahrhunderts. Briefe aus dem Nachlaß von L. *Jacobowski,* 2 Bde., hrsg. v. F. B. *Stern,* 1974.

H. N. *Fügen,* Zur Genese charismatischer Führung. Ein Beispiel aus der Geschichte des George-Kreises, in: H. N. F., Dichtung in der bürgerlichen Gesellschaft, 1972, S. 65–77.

R. *Gutsche,* Literaturgesellschaftliche Prozesse der Jahre 1910 bis 1914, dargestellt an gesellschaftspolitischen Reaktionen in den Zeitschriften ›Die Neue Rundschau‹, ›Der Sturm‹ und ›Die Aktion‹, 1968.

J. *Hermand,* Germanica germanicissima. Zum präfaschistischen Arierkult um 1900, in: J.H., Der Schein des schönen Lebens, 1972, S. 39–54.

R. *Huch,* A. Schuler, L. Klages und St. George. Erinnerungen an

Kreise und Krisen der Jahrhundertwende in München-Schwabing; Castrum Peregrini 110, 1973, S. 5–49.

K. Kluncker, »Blätter für die Kunst«. Zeitschrift der Dichterschule St. Georges, 1974.

G. Kratzsch, Kunstwart und Dürerbund. Ein Beitrag zur Geschichte der Gebildeten im Zeitalter des Imperialismus, 1969.

R. H. Phelps, Before Hitler came. Thule Society and German Order; Journal of Modern History 35, 1963, S. 245–261.

W. Schüler, Der Bayreuther Kreis von seiner Entstehung bis zum Ausgang der Wilhelminischen Ära. Wagnerkult und Kulturreform im Geiste völkischer Weltanschauung, 1971.

G. Stern, War, Weimar, and Literature. The Story of the ›Neue Merkur‹ (1914–1925), University Park, Pen./USA 1971.

M. Winkler, George-Kreis, 1972.

IV. Die völkisch-national-konservative und national-sozialistische Literatur in ihrer Phase des anti-republikanischen Kampfs (1918–1933)

Nach 1945 schuf die mythisierende Umarbeitung der deutschen Traditionen die Legende von den goldenen zwanziger Jahren, derzufolge die deutsche Literatur der Weimarer Republik ›neu‹, ›progressiv‹, auf dem europäischen Standard gewesen sei. Diese selektive Kulturgeschichtsschreibung unter dem Einfluß traumatischer Geschichtserfahrungen ebnete die verwirrende Vielfalt im »Kaleidoskop deutscher Möglichkeiten« (Sontheimer) nachhaltig ein. Die Weimarer Zeit wäre demgegenüber – von ihrem Ende her gesehen – weniger als der endliche Sieg des Liberalismus in Deutschland, sondern eher als eine seiner vielen Krisenphasen zu beschreiben.

Für die mittleren und unteren Schichten des Bürgertums, die nach 1918 auch weiterhin die literarischen Prozesse trugen, bedeutete die Weimarer Zeit zunächst einmal, daß die sozialen Veränderungen des ausgehenden 19. Jh.s radikal weitergeführt wurden; verlorener Krieg, Revolution, anschließende Inflation und tiefgreifende ökonomische Veränderungen am Fundament des klassischen bürgerlichen Produktionssystems gaben diesen Abläufen keine neue Richtung, sie waren dramatische Verschärfungen der gegebenen Situation. Insofern setzte die Literatur der Weimarer Zeit die erfahrungsverarbeitende Literatur der Wilhelminischen Ära ungebrochen fort. Für das Bewußtsein der gehobenen Schichten des Bürgertums allerdings, vor allem des ›Bildungsbürgertums‹, brach mit Krieg und Inflation eine vertraute Ordnung mit ihren sozialen, geistigen und ökonomischen Grundlagen zusammen, so daß die Vorkriegswelt des feudal-bürgerlichen Kompromisses eine »Welt von gestern« wurde; die »letzten Oasen der bürgerlichen Sicherheiten« (E. Jünger) verwüsteten.

So ist ›1918‹ zunächst weniger ein charakteristisches Datum auf dem Strang einer immanenten Literaturentwicklung, es ist zunächst vor allem das Signal für die Veränderungen des historischen Kontextes, in welchem Literatur steht: was man immer als eine der drohenden Möglichkeiten gefürchtet hatte, schien nun im Staat von Weimar Wirklichkeit geworden zu sein. Die einzelnen betroffenen Schichten und Gruppen differierten zwar ganz erheblich gemäß ihrer jeweiligen Interessenslage, aber in ihrer Negation der neuen politischen und sozialen Zustände und in ihrem restaurativen Eifer, der sich in affektgeladenem Antidemokratismus, Antiliberalismus und Antisozialismus artikulierte, waren sie – zumindest objektiv – verbunden und wirkten in eine gemeinsame Richtung: auf den Sturz der Republik. Rigoroser Traditionalismus, unter dem sich die Realität längst wegbewegt hatte, und entschiedener Antimodernismus akkumulierten und radikalisierten sich nach 1918 zu einem traditionalistischen antirepublikanischen Aktionismus. Die ›Deutung‹ liefernde Literatur wurde nach 1918 operativer, d. h. sie wurde aktionsbezogener und politischer, sie verlor ihren fiktionalen Charakter; die ›Kulturkritik‹ verschärfte sich zum Kampf gegen die Weimarer Republik. 1914 war der erste (schwache) Vorschein dieser veränderten Situation gewesen.

Man hat sich angewöhnt, diese verwirrende Vielfalt verschiedenster Strebungen und Strömungen unter dem Namen ›*Konservative Revolution*‹ zusammenzufassen; wenn man die Abgrenzungen nicht zu strikte handhabt, ist die von A. Mohler vorgenommene Scheidung dieser ›Bewegung‹ in fünf ideologisch-politische Grundströmungen ganz praktikabel: Völkische, Jungkonservative, Nationalrevolutionäre, Bündische Jugend, Landvolkbewegung.

Gegenüber diesen Tendenzen blieben jene Autoren, die die Weimarer Republik (zumindest ansatzweise oder tendenziell) verteidigten und auf die sich die nach-45er Traditionswahl so gerne stützte, »Außenseiter der Republik« (Gay). Während die ältere Forschungsliteratur bei der Charakterisierung der ideologischen Positionen stehenblieb, bemühte sich die seit den ausgehenden 60er Jahren erscheinende, diese ideologischen Positionen realgeschichtlich, und d. h. zumeist sozioökonomisch zu interpretieren; sie leidet aber wegen ihres unmittelbaren geschichtsphilosophischen Ansatzes häufig unter einer bemerkenswerten Abstraktheit. Die vermittelnde Frage nach den bewältigten oder scheinbewältigten Lebensrealitäten gerade derjenigen, von denen und für die diese Literatur geschrieben wurde, könnte solcher Abstraktheit abhelfen und zudem den Untersuchungsgegenständen den Charakter bornierter Unbegreiflich-

keit oder (verstockter) Bösartigkeit nehmen. Die herrschafts-
funktionale Analyse müßte durch eine sozialpsychologische ergänzt werden.

Die Bemühungen zur ›Konservativen Revolution‹ werden
sehr häufig (z. B. bei Mohler) von dem manifesten Interesse bestimmt, diesen Komplex vom kompromittierenden Verdacht zu
befreien, im Prinzip mit dem Nationalsozialismus übereinge-
stimmt zu haben. Auf der Ebene der nur ›phänomenologisch‹
operierenden Analyse ist eine solche Absicht zum Scheitern
verurteilt, weil sich bei den Nationalsozialisten – zugestande-
nermaßen meist vergröbert – wiederfindet, was auch die
›Konservative Revolution‹ bewegt hat. Ein geistesgeschichtlicher Ansatz führt partiell weiter, insofern er den Konservatismus als eine politische Reaktion des Restfeudalismus und des
feudalisierten Bürgertums auf die aufklärerisch-liberalen Tendenzen des 18. und 19. Jh.s bestimmt und den Faschis-
mus/Nationalsozialismus als soziale Reaktion des unteren Bürgertums (der ›Proletaroiden‹) auf die liberal-kapitalistischen
Tendenzen des 19. und 20. Jh.s interpretiert. Aber er versagt
für die Überlappungsphase nach 1918/19. So ist die Konservatismusforschung teilweise bereit (Epstein), die ›Konservative
Revolution‹ zu opfern, zumal sich der neuere Konservatismus
›liberalisiert‹ hat. Eine deutliche Unterscheidung läßt sich i. a.
nur in der privaten Sphäre (Mohler) und auf der Organisa-
tionsebene (Prümm) durchhalten. Das berührt die objektiv-ge-
schichtliche Konstellation der Weimarer Zeit aber nur bedingt.
Bei der Frage nach der historischen Stellung der ›Konservativen Revolution‹ darf man sich auch nicht allein von dem Umstand bestimmen lassen, daß ihre Vertreter nach 1933 die notwendige Entscheidung auf die Frage, ob der vor 1933 erstrebte
politische Zustand nun in den Verhältnissen nach 1933 aufge-
gangen sei, nur selten zugunsten des III. Reichs fällten; von
hier nach dort rückschließend zu urteilen, hieße allein moralisch zu argumentieren, was nach 1945 – vor allem im Hinblick auf den 20. Juli – beliebt war. Solche Differenzen, die
sich exemplarisch in der Resonanz auf Lethens Interpretation
der ›Neuen Sachlichkeit‹ beobachten lassen, machen einmal
mehr deutlich, wie wenig literaturwissenschaftliche Urteile von
nur-wissenschaftlichen Determinanten bestimmt sind – allein
die hermeneutische Kritik der wissenschaftlichen Diskussion
selbst kann solche Differenzen kommunikationsanalytisch ob-
jektivieren.

H. P. Bleuel u. *E. Klinnert,* Deutsche Studenten auf dem Weg ins Dritte Reich. Ideologien – Programme – Aktionen 1918–1935, 1967.

R. Dahrendorf, Gesellschaft und Demokratie in Deutschland, 1965.

P. Gay, Die Republik der Außenseiter. Geist und Kultur in der Weimarer Zeit, 1970 (vor allem S. 71–98).

H. Gerstenberger, Der revolutionäre Konservatismus. Ein Beitrag zur Analyse des Liberalismus, 1969.

P. Kaay, Antiliberalismus und konservative Revolution. Zum kritischen Verständnis v. H. v. Hofmannsthals kulturpolitischer Tätigkeit; hefte. Zeitschr. f. dtsch. Sprache u. Lit. (Amsterdam), 1968, H. 2, S. 13–40.

P. Chr. Kern, Zur Gedankenwelt des späten Hofmannsthal. Die Idee der schöpferischen Restauration, 1969.

A. Mohler, Die Konservative Revolution in Deutschland 1918–1932, [2]1972 (mit ausführlicher u. grundlegender Bibliographie).

H. Rudolph, Kulturkritik und Konservative Revolution. Zum kulturell-politischen Denken Hofmannsthals und seinem problemgeschichtlichen Kontext, 1971.

G. Schulz, Aufstieg des Nationalsozialismus. Krise und Revolution in Deutschland, 1975.

K. Sontheimer, Antidemokratisches Denken in der Weimarer Republik, 1962.

S. D. Stirk, The Prussian Spirit. A Survey of German Literature and Politics 1914-1940, [2]Port Washington N.Y. 1969.

E. Vermeil, Doctrinaires de la Révolution Allemande (1918–1938), Paris 1938.

zur *Jugendbewegung* vgl. oben S. 53 f.

zu den *Völkischen: A. Bartels,* Der völkische Gedanke. Ein Wegweiser, 1923.

W. Horn, Führerideologie und Parteiorganisation in der NSDAP. 1919–1933, 1972.

U. Lohalm, Völkischer Radikalismus. Die Geschichte des Deutschvölkischen Schutz- und Trutzbundes. 1919–1923, 1970.

zu den *Deutschgläubigen: H. Braun* (Hrsg.), Dichterglaube. Stimmen religiösen Erlebens, 1931.

zum *Nordischen Gedanken: H. Gollwitzer,* Zum politischen Germanismus des 19. Jh.s, in: Festschrift f. H. Heimpel zum 70. Geburtstag, 1971, S. 282–356.

H. J. Lutzhöft, Der nordische Gedanke in Deutschland. 1920–1940, 1971.

K. v. See, Deutsche Germanen-Ideologie. Vom Humanismus bis zur Gegenwart, 1970.

zum *Rassismus-Sozialdarwinismus: H. Conrad-Martius,* Utopien der Menschenzüchtung. Der Sozialdarwinismus und seine Folgen, 1955.

K. Saller, Die Rassenlehre des Nationalsozialismus in Wissenschaft und Propaganda, 1961.

H.-U. Wehler, Sozialdarwinismus im expandierenden Industriestaat, in: Festschr. f. F. Fischer, 1973, S. 133–142.

G. Zmarzlik, Der Sozialdarwinismus in Deutschland als zeitgeschichtliches Forschungsproblem; Vjh.f.Zg. XI, 1963, S. 246–273.

zu den *Jungkonservativen: D. Fricke* (Hrsg.), Die bürgerlichen Parteien in Deutschland. Handbuch der Geschichte der bürgerlichen Parteien und anderer bürgerlicher Interessenorganisationen vom Vormärz bis zum Jahr 1945, 2 Bde., 1968/1970.

G.-K. Kaltenbrunner, Vom ›Preußischen Stil‹ zum ›Dritten Reich‹: A. Moeller van den Bruck, in: *K. Schwedhelm* (Hrsg.), Propheten des Nationalismus, 1969, S. 139-158.

H.-J. Schwierskott, A. Moeller van den Bruck und der revolutionäre Nationalismus in der Weimarer Republik, 1962.

Die antirepublikanische Literatur ist nicht ohne weiteres den verschiedenen ideologischen Strömungen der ›Konservativen Revolution‹ zuzuordnen; diese Literatur sammelte eklektisch zusammen, was sie brauchte, wenngleich es in gewissen Grenzen Zuneigungen gab (etwa des Bauernromans zur Landvolkbewegung). Das Artikulationsmedium der ›Konservativen Revolution‹ war im Anschluß an die Wilhelminische Ära in erster Linie der Weltanschauungstraktat. Die antirepublikanische Literatur stellte auch keine stilgeschichtliche Einheit dar, sie zerfiel vielmehr in vielfältige Richtungen (wie Nachexpressionismus, neue Sachlichkeit, magischer Realismus) und Genres. Alle Versuche zur Synthese sind bislang gescheitert. Sie ist trotz ihrem operativen Ansatz auch nicht ausschließlich als eine direkt ›politische‹ Literatur zu beschreiben (zumal eine solche Pointierung ein Kategoriensystem reproduziert, das selbst der Analyse bedarf). Ihre Gemeinsamkeit wäre am ehesten auf der Grundlage einer für alle verbindlichen ›weltanschaulichen‹ Grundtendenz zu bestimmen, die in ihrer Allgemeinheit nicht nur anzeigt, wie stark diese Literatur der deutsch-bürgerlichen Kulturtradition verpflichtet war, sondern zugleich deutlich macht, wie schwer ihre Isolation im Kontext der Gleichzeitigkeit fällt. Diese Gemeinsamkeit wäre am ehesten mit einer Suche nach transgeschichtlicher, unabgeleiteter und unvermittelter ›Absolutheit‹ zu bezeichnen, mit einer Sucht nach ‚Totalität‹ (die sich durchaus als Analogon zur total-autoritären Staatsauffassung der ›Konservativen Revolution‹ verstehen läßt). Dieser Tendenz dient ein Hang zur Mythisierung der literarischen Welten, zur Konstruktion ästhetischer Gegenbereiche mit historisch regressiven Tendenzen, zur Suche nach dem noch-nicht-Getrennten in vorhistorischen Zusammenhängen, nach dem Absoluten jenseits von allem Bedingten (etwa in Rasse, Geschlecht, Stand, Volk, Reich o. ä.). Dieses Absolute wird (ausgesprochen oder unausgesprochen) dem als miserabel eingeschätzten Zustand der »modernen« kapitalistischen Industriegesellschaft konfrontiert, wobei – etwa unter der Formel von »des deutschen Dichters Sendung in der Gegenwart« (Kindermann) – eine Transformation des Absoluten in die Geschichte hinein als die politisch-transpolitisch notwendige Dichtertat gefordert wird. Dieses abstrakte Schema füllen die Autoren in Abhängigkeit von ihren jeweiligen gesellschaftlichen Erfahrungen und Interessen und in erkennbarer Korrelation zur historischen Entwicklung pseudokonkret auf. (So läßt sich etwa zeigen, wie die Produktion von Bauernromanen unter quantitativem Aspekt parallel zu den Unruhephasen in der Weimarer Republik an- und abschwillt oder wie der Provinzroman in Österreich ins Konzept des Ständestaats zu integrieren ist.) Wieder einmal wird der klassisch-idealistische Mythos vom ›Dichter‹ bemüht. Der ›Dichtung‹ als einer ›höheren‹ Weise des Redens wird die Aufgabe zugemutet, aus dem Blick in die ›Tiefe‹ des Schicksals die Geschichte zu wenden. Die traditionsbeladene Vorstellung von der Dichtung als der un-, ja a-logischen Weise des Sprechens wurde so in der geschichtlichen Situation derer, die am literarischen Prozeß teilnahmen, funktionalisierbar. In dieser Renaissance der Tradition, die eine weitläufige, nicht nur literaturtheoretische Untersuchung verdiente, liegt ein Stück Kapitulation vor der historischen Notwendigkeit, die historisch-politische Situation adäquat zu begreifen (was real aber auch nicht viel eingebracht hätte). Wie sehr übrigens diese auflagenstarke Literatur Indiz für eine soziale Abwehrhaltung ist, zeigt die enorme antisozialistische Komponente im antimodernen Konzept der Literatur der Weimarer Zeit, die in der regressiven Literatur der Wilhelminischen Ära eher ein unterschwelliges Moment gewesen war.

G. B. Pickar, Deutsches Schrifttum zwischen den beiden Weltkriegen (1918 bis 1945), Bern 1974 (= Hb. d. dtsch. Lit.gesch., Abt. 2, Bd. 11).

A. v. Bormann, Vom Traum zur Tat. Über völkische Literatur, in: W. Rothe (Hrsg.), Die deutsche Literatur in der Weimarer Zeit, 1974, S. 304–333.

B. Fischli, Die Deutschen-Dämmerung. Zur Genealogie des völkisch-faschistischen Theaters (1897–1933) (angekündigt für 1976).

R. Grimm u. *J. Hermand* (Hrsg.), Die sogenannten Zwanziger Jahre, 1970.

H. Gruber, German Writers as Propagandists 1927–1933, Studi Germanici NS VI, 1968, S. 21–39.

W. Hof, Der Weg zum heroischen Realismus. Pessimismus und Nihilismus in der deutschen Literatur von Hamerling bis Benn, 1974.

E. Keller, Nationalismus und Literatur. Langemark – Weimar – Stalingrad, Bern 1970.

L. Köhn, Überwindung des Historismus. Zu Problemen einer Geschichte der deutschen Literatur zwischen 1918 und 1933; DVjS 48, 1974, S. 704–766; 49, 1975, S. 66–93.

E. Kolinsky, Engagierter Expressionismus. Politik und Literatur zwischen Weltkrieg und Weimarer Republik, 1970.

H. Langenbucher, Volkhafte Dichtung der Zeit, ⁵1940.

N. Langer, Die deutsche Dichtung seit dem Weltkrieg. Von Paul Ernst bis H. Baumann, Karlsbad ²1941.

H. Lethen, Neue Sachlichkeit 1924–1932. Studien zur Literatur des ›Weißen Sozialismus‹, ²1975.

W. Reif, Zivilisationsflucht und literarische Wunschträume. Der exotische Roman im ersten Viertel des 20. Jh.s, 1975.

K. Rossbacher, Literatur und Ständestaat; Zeit Geschichte II, 1975, S. 203–212.

H. Schumacher, Mythisierende Tendenzen in der Literatur 1918–1933, in: *W. Rothe* (Hrsg.), Die deutsche Literatur in der Weimarer Republik, 1974, S. 281–303.

K. Sontheimer, Literatur im politischen Kontext. Anmerkungen eines Politologen zu Fragen literaturwissenschaftlicher Interpretation am Beispiel der Weimarer Republik, in: *W. Müller-Seidel* (Hrsg.), Historizität in Sprach- und Literaturwissenschaft, 1974, S. 455–466.

B. E. Werner, Literatur und Theater in den 20er Jahren, in: *L. Reinisch* (Hrsg.), Die Zeit ohne Eigenschaften, 1961, S. 50–82.

B. v. Wiese, Dichtung und Volkstum, 1933.

Die nationalsozialistische Literatur aus dem Ensemble der regressiven Literatur der Weimarer Republik zu lösen, ist eine sinnlose Aufgabe. Zum einen hat es kaum eine Literatur gegeben, die sich als eine genuine literarische Umsetzung nationalsozialistischer Programme verstand; zum andern reklamierte das III. Reich nach 1933 fast die gesamte völkisch-national-konservative Literatur, während es mit den eigentlichen Partei- und Gesinnungsautoren z. T. ins Gericht ging. Es sind nur wenige Autoren zu nennen, die sich dem Nationalsozialismus bereits in der Weimarer Republik zugehörig fühlten. Besonders zählten A. Bartels, D. Eckart, H. Grimm, H. Johst und E. G.

Kolbenheyer dazu. Auch bei ihnen ist das offene Engagement vor allen Dingen in ihren programmatischen Bekenntnissen, weniger in ihren ›poetischen‹ Werken zu finden. Erst seit 1929/30 bildete sich eine ›junge Mannschaft‹ genuin nationalsozialistischer Autoren heraus (H. Anacker, H. Baumann, H. Böhme, R. Euringer, H. Menzel, E. W. Möller, B. v. Schirach, G. Schumann). Sie traten in erster Linie als Verfasser von politischer Kampflyrik und von Marschliedern auf, wobei das ›Liedgut‹ der Wehrmacht besonders stilbildend war. Daneben finden sich noch Literaturtheoretiker wie A. Rosenberg, W. Stang oder R. Schlösser in dieser Gruppe.

H. Grimm, Der Schriftsteller und die Zeit, 1931.
W. Hermann, Der neue Nationalismus und seine Literatur. Auswahl für Volksbüchereien, 1933.
E. G. Kolbenheyer, Unser Befreiungskampf und die deutsche Dichtung, 1933.
F. E. May, Neue Deutsche Literaturgeschichte, Bd. 2, 1935.
E. Unger, Das Schrifttum des Nationalsozialismus von 1919 bis zum 1. Jan. 1934, 1934.

zu *D. Eckart: P. W. Becker,* Der Dramatiker D. Eckart. Ein Beitrag zur Dramatik des Dritten Reiches, Diss. Köln 1970.
M. Plewnia, Auf dem Wege zu Hitler. Der völkische Publizist D. Eckart, 1970.
A. Reich, Dietrich Eckart. Ein deutscher Dichter und Vorkämpfer der Völkischen Bewegung, 1933.
A. Rosenberg, D. Eckart, 1936, [4]1937.

zu *·H. Johst: Ch. Hill* u. *R. Ley,* Drama of German Expressionism. A German-English Bibliography, Chapel Hill 1960.
H. Denkler, Hanns Johst, in: *W. Rothe* (Hrsg.), Expressionismus als Literatur, 1969, S. 547–559.
H. F. Pfanner, H. Johst. Vom Expressionismus zum Nationalsozialismus, Den Haag 1970.

Die Literaturgeschichtsschreibung zur Weimarer Republik ist bislang noch nicht des Problems Herr geworden, daß modernes Literaturkonzept und antimoderne Geschichtsdeutung sich nicht ausschließen. Entgegen dem allgemeinen Urteil wäre nochmals darauf zu verweisen, daß nicht allein eine gefühlsverbundene traditionsadorierende Literatur im klassisch-romantischen Stil der völkisch-national-konservativen und nationalsozialistischen Literatur zugehörig ist sondern auch eine intellektualistische Stilhaltung in der Tradition der intellektuellen Romantik möglich blieb; Goebbels sprach von ›stählerner Romantik‹ – angemessener wäre der paradoxe Ausdruck ›*regressiver*

Modernismus‹. ›Faschistische Literatur‹ bezeichnet keinen Stil, sondern eine literarische Haltung zu den Tendenzen der neuzeitlichen Geschichte. Am ehesten ist die westdeutsche Germanistik bislang bereit, solche Probleme an den Werken G. Benns und vor allem des frühen E. Jünger zu diskutieren.

G. Benns anfängliches Bekenntnis zum III. Reich setzte historisch und ideologisch kein prinzipiell neues Faktum, es ist als eine der möglichen Konsequenzen seines ursprünglichen Ansatzes zu begreifen. Denn Benns Bruch mit der herrschenden Literaturtradition, der weit radikaler gedacht war als bei seinen frühen Mitexpressionisten, war von ihm immer zugleich als radikaler Bruch mit den bürgerlich-liberal-kapitalistischen Tendenzen der neueren Geschichte gemeint; er ist Produkt der erlebten Krise des liberalen Industriestaats seit der Jahrhundertwende und insofern für Benn ein Moment seiner Geschichtstheorie. Aber anders als die kleinbürgerlichen ›Heimatkünstler‹ und Weltanschauungsliteraten klammerte er sich nicht an den status quo; er wollte diesen vielmehr nach ›vorne‹ hin aufbrechen, indem er den bürgerlichen Fortschritt mit dessen totalem Gegenmodell, dem Mythos der Geschichtslosigkeit, konfrontierte; damit wurde nicht allein die menschliche Geschichte revoziert, sondern alle Entwicklung überhaupt. Dabei postulierte er ein ewiges Paläozoikum als den wahren Universalzustand der Welt, vor dessen Hintergrund Geschichte eine scheinhafte Fehlentwicklung bleibt. An die Stelle der entwickkelten, zersplitterten Geschichte setzte er die naturmythische Totale eines unausgefalteten Urzustands, die in strenger Intellektualität und radikalem Formbewußtsein ins Bewußtsein des Modernen gewendet werden müsse. 1933 veränderte sich an diesem Gegenmythos nichts, nur daß das ›Totale‹ nicht durch einen entwicklungsgeschichtlichen Urzustand repräsentiert gedacht wurde, sondern durch die Macht, unter deren Gewalt Benn die liberale Gesellschaft und ihre rationale ›Kultur‹ zusammenbrechen zu sehen hoffte. Von diesem Ansatz her legitimierte sich der ästhetische Nihilismus Benns; dessen ›Modernität‹ begriff er nicht lediglich als eine neue écriture sondern als ästhetische Realisation eines zeitadäquaten Bewußtseins, als »Möglichkeit einer neuen Ritualität« (Benn). Es bedeutet eine Verniedlichung des deutschen Faschismus, wenn man dieses Paradox eines modernen Antimodernismus aus dem Vorstellungsfeld ›Faschismus in Deutschland‹ ausklammert und nur den traditionalistischen Antimodernismus aus dem Geist der kleinbürgerlichen Opposition gegen die Tendenzen der ›modernization‹ als faschistische Möglichkeit gelten läßt, weil allein dieser sich in der Literatur des III. Reichs durchgesetzt hat.

Das nach 1945 heiß diskutierte, mittlerweile aber kaum mehr beachtete Frühwerk *E. Jüngers* zwischen »In Stahlgewittern« und »Der Arbeiter« signalisiert die Krise der bürgerlich-liberalen Welt nicht in erster Linie literarisch; Jünger bemüht sich vielmehr, die literarische Fiktion zugleich als Lebensstat erscheinen zu lassen. Er ist nicht so sehr in ästhetisch-formaler Hinsicht ›modern‹, ja vor dem Hintergrund der Errungenschaften des neuromantischen und expressionistischen Ästhetizismus bleibt sein Schreiben eher traditionell (wenn auch nicht epigonal); der Ästhetizismus wird bei ihm zunächst nur zum Thema ohne formale Konsequenzen.

Modernist ist Jünger vom Inhalt seiner frühen Werke her. Ähnlich wie Benn erkennt er das Ende des klassischen bürgerlich-liberalen Geistes des 19. Jh.s. Der anonyme Industriekrieg wird für ihn zum Signal der neuen Epoche der annullierten Persönlichkeit. Die rettende Totalität sucht Jünger im Sprung in die neue Epoche, der bei ihm utopische Züge trägt. Indem der einzelne, der die Prinzipien der neuen Stunde erkannt hat, deren Gesetze als Bedingungen seines Handelns anerkennt und zu ihrer äußersten Möglichkeit vorstößt, schlägt die Gegenwart in die überwindende Zukunft um. Der kaltblütige Stoßtruppführer zwischen den Gräben des Stellungskriegs befreit sich in einem Akt des existentiellen Dezisionismus von der mechanisierenden und egalisierenden Macht der industriellen Zivilisationsmaschinerie und wird vom Dulder der Geschichte zu deren vitalistischem Heros; der moderne Maschinenkrieg soll umschlagen zum blutgetränkten, mythisch-rituellen Kampf, das blinde Erdulden zur verantworteten Freiheit. Die von Jünger nicht aufgehobenen Widersprüche dieses Ansatzes sind Indiz für die unzureichende Wirklichkeitsanalyse hinter dem Mythos des intellektuell-rauschhaften Frontkämpfers (der zugleich zum Prototyp des neuen Industriearbeiters gesetzt wird). Die Mechanik des Industriekriegs wird von Jüngers Position aus allein aus der eingegrenzten Erlebnisperspektive des Frontkämpfers sichtbar, die industriell produzierte ›Front‹ erscheint als der heimatliche Lebensraum des neuen Menschen, der überwindende Kämpfer wird gezeigt als Reduktion des Menschen zur biologischen Naturform unter der Gewalt des Industriekriegs.

Obwohl Jünger – vor allem wegen seines literarischen Rangs und seiner elitären Isoliertheit – als Einzelfigur erscheint (und nach 1945 auch lange so gewürdigt wurde), ist er dennoch im

Kontext der antirepublikanischen Gruppenbildung zu sehen: er machte – gerade für die intellektuellen Jüngeren – das neue Kriegserlebnis artikulierbar, er befreite diese Artikulation vom peinlich gewordenen Theodor-Körner-Pathos, vor allem aber beeinflußte er die Theoriebildung eines ›soldatischen Nationalismus‹ innerhalb der ›Konservativen Revolution‹ seit den frühen 20er Jahren; sein auf die ›Tat‹ gegründeter regressiver Modernismus ließ das (idealisierte) Fronterlebnis in den sozialen Auseinandersetzungen in der Weimarer Republik zum Modell eines antiliberalen und antimarxistischen Gesellschaftsideals werden. Daß Jüngers deskriptiv-sachliches, ›kaltes‹ Literaturkonzept zugleich im Bann der funktionalen Industrieideologie des 20. Jh.s steht, ist für eine über den funktionalen und kommunikationshistorischen Rahmen hinausgreifende geschichtsphilosophische Kritik Jüngers nicht unwichtig.

zu *Benn* vgl. *E. Lohner,* Benn-Bibliographie 1912–1956, 1958 – *F. W. Wodtke,* G. Benn, ²1970.

D. Bansberg, Interpretationen zur frühen Lyrik Benns, Diss. Cornell Univ. 1970.

H. Brode, Studien zu G. Benn, DVjS 46, 1972, S. 714–763.

H. Kügler, Weg und Weglosigkeit, 1970, S. 77–104.

L. Mittner, Die Geburt des Tyrannen aus dem Ungeist des Expressionismus, in: *F. Benseler* (Hrsg.), Festschrift z. 80. Geburtstag v. G. Lukács, 1965, S. 402–419.

W. Peitz (Hrsg.), Denken in Widersprüchen. Korrelarien zur Benn-Forschung, [1972].

P. Reichel, Artistenevangelium. Zu den theoretischen Grundlagen von Werk und Wirken des späten Benn; WB 19, 1973, H. 1, S. 128–160.

H.-J. Schmitt (Hrsg.), Die Expressionismusdebatte, 1973.

P. Schünemann, »Im Dunkel leben, im Dunkel tun was wir können«; Text u. Kritik 44, 1974, S. 1–17.

U. Weisstein, »Vor Tische las man anders«. Eine literar-politische Studie über die beiden Fassungen (1933 u. 1955) von G. Benns Expressionismusaufsatz, in: *F. van Ingen,* (Hrsg.), Dichter und Leser, Groningen 1972, S. 9–27.

G. Zwerenz, G. Benn und der nachgeholte Widerstand, in: G.Z., Der plebejische Intellektuelle, 1972, S. 34–40.

zu *E. Jünger* vgl. IB II 2, S. 341–345.

H.-L. Arnold, E. Jünger, 1966.

K.-F. Bastian, Das Politische bei E. Jünger, 1963.

S. Bein, Jüngers neue Stunde; *NDH* 22, 1975, S. 21–40.

H. J. Bernhard, Der Weltkrieg 1914–1918 im Werk E. Jüngers, E. M. Remarques und A. Zweigs, Diss. Rostock 1959.

H. Bingel (Hrsg.), Streit-Zeit-Schrift Jg. VI, Heft 2 (Sept. 1968).

K. Brynhildsvoll, »Myrdun«. E. Jüngers Briefe aus Norwegen; Edda 73, 1973, S. 229–245.

H. Kaiser, Mythos, Rausch und Reaktion. Der Weg G. Benns und E. Jüngers, 1962.

A. Kerker, E. Jünger – Kl. Mann. Gemeinsamkeit und Gegensatz in Literatur und Politik, 1973.

Chr. Graf von Krockow, Die Entscheidung. Eine Untersuchung über E. Jünger, C. Schmitt, M. Heidegger, 1958.

W. Hof, Der Weg zum heroischen Realismus, 1974.

H. Mörchen, Schriftsteller in der Massengesellschaft. Zur politischen Essayistik und Publizistik H. und Th. Manns, K. Tucholskys und E. Jüngers während der zwanziger Jahre, 1973.

K. O. Paetel, E. Jünger, 1962.

K. Prümm, Literatur des Soldatischen Nationalismus der 20er Jahre (1918 bis 1933), 2 Bde., 1974.

H.-P. Schwarz, Der konservative Anarchist. Politik und Zeitkritik E. Jüngers, 1962.

Obwohl Jüngers Frühwerke für die junge Generation der Kriegsteilnehmer die Bedeutung hatten, ihre Erlebnisse zu artikulieren und in politische Konzepte umzusetzen, also eminent politisch wirkten, verhinderte Jüngers anarchistisch-elitäre Haltung doch, daß er praktisch eine Gruppe im genaueren Wortsinn um sich bildete. In seinem Schatten sammelte sich lose eine Schar von Autoren, die man gemeinhin unter dem Namen ›soldatischer Nationalismus‹ zusammenfaßt. Der Krieg war für sie zum beherrschenden Ereignis ihres Lebens geworden; er wurde nun als existenzbestimmender Weg zu einer neuen ›Ganzheit‹ empfunden, deren Gesetz Deutschland erfüllen soll.

Seit 1927/28 spülte eine Flut von *Kriegsromanen* auf den Markt, die das Weltkriegserlebnis bestimmend in die politischen Auseinandersetzungen am Ende der Weimarer Zeit einbrachten: W. Beumelburg (»Douaumont« 1923, »Sperrfeuer um Deutschland« 1929, »Die Gruppe Bosemüller« 1930), E. E. Dwinger (»Die deutsche Passion« (3 Bde.) 1929–32, »Die letzten Reiter« 1935), E. v. Salomon (»Die Geächteten« 1930, »Die Stadt« 1932), F. Schauwecker (»Im Todesrachen« 1920, »Aufbruch der Nation« 1929), J. M. Wehner (»Sieben vor Verdun« 1930), H. Zöberlein (»Der Glaube an Deutschland« 1931), dazu Fr. Hielscher (»Das Reich« 1931) sind die wichtigsten Autoren auf diesem Sektor der antirepublikanischen Kriegsliteratur. Daß sie ihre Kriegsdarstellungen als Kritik der liberal-kapitalistischen Tendenzen der Geschichte verstanden, schloß nicht aus, daß sie sich mit den Kriegszielen des kaiserlichen Deutschlands (vor allem im Osten) identifizierten, ja, daß sie die liberalen und demokratischen Republikaner als die Verräter an diesen Kriegszielen kategorisierten. Gleichgültig, ob sie sich für den Nationalsozialismus engagierten (wie Zöberlein) oder ob sie sich zurückhielten (wie v. Salomon), ihre Werke wurden nach 1933 von den Nationalsozialisten mit Beschlag belegt und für ihr nationalistisch-militaristisches Programm reklamiert. Sie bildeten einen nicht unwichtigen Bestandteil der offiziellen deutschen Literatur nach 1933.

Neben diese Kriegsliteratur ist die *Bürgerkriegsliteratur* zu rücken, die seit etwa 1930 die nationalsozialistische Politik literarisch unterstützte, indem sie die nationale Kriegsgloriole auf die militanten Nationalsozialisten übertrug und den Bürgerkrieg zum nationalen Entscheidungskampf stilisierte. Die Stelle des äußeren Feinds wurde hier von den ›Roten‹, vor allem von den Kommunisten, eingenommen. Richtunggebend für diese Bürgerkriegsliteratur waren K. A. Schenzingers »Hitlerjunge Quex« (1932) und H. H. Ewers »Horst Wessel« (1932), dazu H. Johsts Drama »Schlageter« (1933). Im Mittelpunkt stehen zumeist SA-Leute, die in den Straßenkämpfen ums Leben gekommen waren und nun zu Helden des Nationalsozialismus erhoben wurden. (Zu verweisen wäre etwa noch auf: E. v. Danckelmann »Hans Jasow« 1932, R. Haake »Kämpfer unter dem Hakenkreuz« 1933, J. Viera »SA-Mann Schott« 1933, J. H. Witthuhn »Gotthardt Kraft« 1932.) Sie verfuhren zumeist nach dem immer gleichen Schema: der nationalsozialistische Kämpfer für die nationale, transgeschichtliche ›Ganzheit‹ fällt im Kampf gegen das böse Prinzip, das die Gegenwart beherrscht und in den Bolschewisten und liberal-kapitalistischen Juden verkörpert ist; durch sein ›Blutopfer‹ weiht er den Kampf der Vertreter des guten Prinzips, so daß der endliche Sieg magisch beschworen wird.

Daß die Verehrer E. Jüngers den Gegenstand ihrer Bewunderung so leicht aus diesem Umfeld der Welt- und Bürgerkriegsliteratur isolieren konnten, lag nicht nur an der persönlichen Attitüde Jüngers; es bestehen durchaus außerpersönliche Differenzen: die Kriegs- und Bürgerkriegsliteratur brachte Jüngers kriegerischen Männlichkeitskult gerade um sein utopisches Moment, sie war reine propagandistische Reproduktionsliteratur, die sich affirmativ den antirepublikanischen politischen Fraktionen unterordnete und so nach 1933 ohne Schwierigkeiten als Staatsliteratur paradieren konnte. Auch die moralfreie Haltung eines ›Jenseits von Gut und Böse‹ des Jüngerschen Geschichtskonzepts übernahmen sie nicht, ihre sozialdarwinistische Amoralität wollten sie gerade in den Dienst eines als moralisch qualifizierten biologistischen ›Sinns‹ der Weltgeschichte stellen. Das hatte dann auch literarische Konsequenzen. Da die Absicht aller dieser Autoren auf eine politische Emotionalisierung zielte, wurden alle Elemente der Literaturtradition des 19. Jh.s aktiviert, die sich in den Dienst dieses Zwecks stellen ließen. Gerade diese Tradition wollte Jünger als realitätsinadäquat überwinden. Es finden sich Nachklänge des Pathos der Literatur der Befreiungskriege, Erinnerungen an die Erzählmuster des historischen Romans von V. Scheffel bis F. Dahn, Spuren der Aggressivität der naturalistischen Realitätsdarstellung, dazu die vitalistischen Grundlagen des Sozialdarwinismus und der Heftchenliteratur der Kriegszeit. Elemente der ›Neuen Sachlichkeit‹ wurden nur aufgenommen, wo sie sich dem inkorporieren ließen.

Daneben nimmt sich die bemühte Betulichkeit der Kriegsbewältigung eines H. Carossa (»Rumänisches Tagebuch« 1924) oder P. Alverdes (»Die Pfeiferstube« 1929) idyllisch harmlos aus. Eine falsch verstandene *humanistische Tradition* im Sinne Goethischer Klassizität wurde in den Dienst tröstlicher Beschwichtigungen gestellt, die schon deswegen, weil sie nicht martialisch war, als Haltung des Widerstandes gedeutet werden konnte, besonders nach 1933. Man müßte aber gerade die Polemik erkennen, die in dieser Weigerung liegt, sich der Inhumanität der Gegenwart zu stellen, wodurch die humanistische Literaturtradition in ihr genaues Gegenteil verkehrt wurde.

Zur Weltkriegsliteratur allgemein:

H. Böhme, Rufe in das Reich. Die heldische Dichtung von Langemarck bis zur Gegenwart, 1934, ²1941.

H. Cysarz, Zur Geistesgeschichte des Weltkriegs. Die Wandlungen des deutschen Kriegsbilds 1910–1930, 1931.

R. Geissler, Dekadenz und Heroismus. Zeitroman und völkisch-nationalsozialistische Literaturkritik, 1964.

F.-W. Heinz, Die Nation greift an, 1933.

G. Lutz, Das Gemeinschaftserlebnis in der Kriegsliteratur, Diss. Greifswald 1936.

H. Schlötermann, Das deutsche Weltkriegsdrama 1919–1937, 1939.

Zu einzelnen Autoren:

zu *Beumelburg* vgl. IB II 2, S. 120 – *A. Mohler*, Konservative Revolution, ²1972, S. 442–444.

zu *Dwinger* vgl. *A. Mohler*, Konservative Revolution, ²1972, S. 445 f.

zu *Hielscher: A. Mohler*, Begegnungen bei E. Jünger, in: A. M. (Hrsg.), Freundschaftliche Begegnungen, 1955, S. 196–206.

zu *E. v. Salomon* vgl. IB II 2, S. 521 – *A. Mohler*, Konservative Revolution, ²1972, S. 444 f.

zu *Schauwecker* vgl. *A. Mohler*, Konservative Revolution, ²1972, S. 441.

zu *Wehner* vgl IB II 2, S. 616.
A. Mechtel, Alte Schriftsteller in der Bundesrepublik, 1972.

zu *Ewers* vgl. IB II 2, S. 229.
B. Brecht, Die Horst-Wessel-Legende; Ges. Werke, Bd. 20, 1967, S. 209–219.
M. Sennewald, H. H. Ewers. Phantastik und Jugendstil, 1973.

zu *Alverdes* vgl. IB II 2, S. 74.
zu *Carossa* vgl. IB II 2, S. 194–196 – *W. Kopplin*, Bibliographia Carossiana (1906–1968); Antiquariat 21, 1971, S. 45–48, 54–56.
I. Aichinger, Permanente Erinnerung. Zur Selbstdarstellung H. Carossas; Jb. d. Fr. Dtsch. Hochstifts 1972, S. 377–409.
V. Brassel-Aeppli, H. Carossa, Eine Kindheit. Interpretation, Zürich 1969.
A. C. Grisson, Begegnungen mit großen Zeitgenossen, 1969, S. 63–80.
H. Günther, Das unzerstörbare Erbe, 1973, S. 219–235.
W. Kopplin, Der verkannte Dr. Bürger. Zum Stand der Carossa-Forschung im 90. Geburtsjahr des Dichters; GRM XLIX, 1968, S. 406–421.
A. Langen, H. Carossa. Weltbild und Stil, 1955.
F. Martini, Das Wagnis der Sprache, 1954, S. 373–407.
H. Schlegel, Die Lyrik Carossas, 1963.

Weil sich nach 1933 in der Literatur- und Kulturpolitik im wesentlichen die romantisierenden völkischen Gruppierungen innerhalb der nationalsozialistischen ›Bewegung‹ durchsetzten, hat vor allem die traditionalistische völkisch-romantisierende und ›realistische‹ Literatur das Bild von der antimodernen und antirepublikanischen Literatur auch schon der Weimarer Zeit bestimmt. Das ist mit den gemachten Einschränkungen auch zutreffend. Die gegenüber der Wilhelminischen Zeit ungemein fortgeschrittene Zersplitterung des klein- und bildungsbürgerlichen Widerstands gegen die Tendenzen der ›modernization‹ schlägt sich nieder in einer kaum zu überblickenden Fülle einer scheinbar disparaten Weltanschauungsliteratur. Gemeinsam ist dieser Literatur – wenn man sie vom modernen Antimodernismus und von der Kriegsliteratur scheiden will – ein *regressiver Eskapismus;* diese Literatur flieht aus der Misere der Gegenwart in angeblich noch heile Ganzheiten.

Man muß die aggressiven Implikationen dieses Rückzugs erkennen: die literarischen Totalitätsentwürfe sind als Attacken gegen die liberalen und sozialistischen Tendenzen der Zeit gedacht. Allerdings wird diese Konstellation nur selten in politisch-historische Argumentationsweisen verlegt, es geht um ›tiefere‹ Dinge, weil die Übel der Zeit tiefer liegen sollen. Der Relativismus der Gegenwart soll überwunden, die eigene reale wirtschaftliche und politische Bedrohung durch die Restitution eines angeblich Absoluten aufgehoben werden; die scheinkonkreten Lösungsversuche sind immer erst Ergebnisse dieser globalen Heilungsvorschläge.

Das Gewirr der völkisch-national-konservativen Oppositionsliteratur läßt sich am ehesten entflechten, wenn man die Werke aufgrund dieses Mechanismus gemäß den Realisationsversuchen dieser Idee der Totalität sondert.

Am deutlichsten wird die politische Intention dieses Mechanismus in den *Kolonialerzählungen* H. Grimms, in seinen afrikanischen Novellen, vor allem aber in »Volk ohne Raum« (1926). Die deutschen Kolonien werden als ein möglicher Lebensraum für die gepriesen, welche in der aufgeteilten Enge der Heimat keine adäquate Lebensform mehr finden können. In der kolonisatorischen Auseinandersetzung mit einer harten Natur und unzureichenden gesellschaftlichen Organisationsformen läßt sich nach Grimm die historisch verschwundene Totalität erringen, d. h. die Misere der bürgerlichen Gesellschaft soll in den Kolonien überwunden werden. »Volk ohne Raum« ist ein kolonialer Heimatroman. An diesem Konzept wird die Dialektik klein- und mittelbürgerlicher Geschichtserfahrung und aggressiver Expansionsideologie anschaulich, die dieser Literatur ihre sozialpsychologische Dynamik verleiht.

zu *Grimm* vgl. IB II 2, S. 278 – NDB VII, S. 85.

H.-W. Jannasch, Spätlese, 1973, S. 33–55.

B. Jungwirth, Versuch einer thematischen Untersuchung des literarischen Werkes H. Grimms, masch. Diss. Innsbruck 1972.

E. Keller, Ein Volk ohne Raum?, in: E. K., Nationalismus und Literatur, Bern 1970, S. 122–133.

W. Linden, Entwicklungsstufen scheidender Bürgerlichkeit. Th.

Mann, H. Grimm und der neue Heroismus; ZfDk 47, 1933, S. 245–361.

S. *Richard*, Th. Mann and H. Grimm; GLL 1, 1936/37, S. 110–121.

H. *Ridley*, H. Grimm and R. Kipling; MLR 68, 1973, S. 863–69.

W. *Steinborn*, Der unbekannte H. Grimm; Das Innere Reich V, 1938/39, S. 674–703, 790–816.

Ein für die von rechts opponierende Literatur der Weimarer Republik überaus typischer Ansatz, die Idee der (verschwundenen) Totalität zu realisieren, war der Versuch, die hypostasierte Ganzheit in Phasen der (deutschen) Geschichte zu projizieren und sie in großen historischen Personen oder aber in den historisch noch nicht zerstörten Kräften des ›Volkes‹ lebendig sein zu lassen. So war der *historische Roman* – bei manchen Differenzen – eine überaus beliebte Gattung der Literatur der 20er Jahre, und es wäre einseitig, die Werke allein unter dem Aspekt ihrer literarischen Epigonalität zu katalogisieren. Sie erfüllten eine bedeutsame sozialpsychologische Funktion bei der ideologischen Artikulation der antimodernen Widerstandskräfte; gerade ihre bewahrende literarische Traditionalität qualifizierte sie als Fundament der gutbürgerlichen Lesebibliothek. Ina Seidel (»Das Wunschkind« 1930, »Lennacker« 1938), W. Schäfer (»Dreizehn Bücher der deutschen Seele« 1922), E. G. Kolbenheyer (»Paracelsus« 1917–1926), H. F. Blunck (»Urvätersaga« 1916–1928, »König Geiserich« 1926), B. Brehm (»Apis und Este« 1931, »Zu früh und zu spät« 1936), J. Ponten (»Volk auf dem Wege«, 6 Bde., 1930–1942), O. Gmelin (»Das Angesicht des Kaisers« 1927, »Das neue Reich« 1930, »Konradin reitet« 1933), W. Vesper (»Das harte Geschlecht« 1931), M. Jelusich (»Caesar« 1929, »Cromwell« 1933, »Der Traum vom Reich« 1940) sind die erfolgreichsten Autoren dieses Zweiges; sie wurden nach 1933 ohne nennenswerte Abstriche unter dem Stichwort: »Der geschichtliche Werdegang des deutschen Volkes« (Langenbucher) als Gegenformen zum »zersetzenden« Zeitroman übernommen, und daß auch 1945 noch nicht ihre letzte Stunde geschlagen hatte, weist auf Kontinuitäten hin, die nicht nur literarischer Natur sind.

zu *Blunck* vgl. IB II 2, S. 124 – pflegende Literatur in ›H. F. Blunck-Jb.‹ (Hamb.-Altona)/›Jb. d. Ges. z. Förderung des Werkes v. Blunck‹ (Plön).

W. *Blunck*, Th. Mann und Blunck; Jb. d. Ges. z. Förderung d. Werkes v. Blunck, 1968, S. 7–143.

zu *Brehm* vgl. Rowohlts Lit. Lex., S. 132.

zu *Jelusich* vgl. IB II, S. 731.

zu *Kolbenheyer* vgl. IB II 2, S. 379 f. – freundschaftl. Literatur in dem Periodikum ›Der Bauhüttenbrief‹ (Darmstadt).

E. *Frank*, Jahre des Glücks, Jahre des Leids. Eine Kolbenheyer-Bibliographie, 1969.

E. *Knobloch*, Die Wortwahl in der archaisierenden chronikalischen Erzählung. Meinhold, Raabe, Storm, Wille, Kolbenheyer, 1971.

F. *Koch*, Kolbenheyer, 1953.

A. D. *White*, The Development of the Thought of Kolbenheyer from 1901 to 1934, Diss. Oxford 1967.

zu *Ponten* vgl. IB II 2, S. 496.

zu *Seidel* vgl. IB II 2, S. 554 f.

A. v. *Arnim*, Christliche Gestalten neuerer deutscher Dichtung, 1972, S. 170–184.

zu *Vesper* vgl. IB II 2, S. 600 f.

Nicht minder charakteristisch für die Literatur des regressiven Eskapismus als Artikulationsmedium antimoderner und antirepublikanischer Ideologiebildung war die *Provinzliteratur*. Hier übernahm die Provinz, der industrieferne Raum mit einer tradiert-natürlichen Sozialform, die Funktion, das im geschichtlichen Prozeß verlorene Ideal als ein reales zu imaginieren. Provinz, das ist in dieser Literatur eine heile, landschaftsgebundene, auf den Ordnungen unvermittelter Lebensbedürfnisse aufruhende Idylle nach kleinbürgerlichem Geschichtsgeschmack; erst in der Konfrontation mit der kritischen Provinzliteratur der Weimarer Zeit, mit den Darstellungen eines O. M. Graf, einer M. Fleißer oder eines Ö. v. Horváth, offenbart sich der polemisch-aggressive Akzent der vorgetäuschten Harmlosigkeit. Diese Literatur beanspruchte mehr zu liefern als nur ein fiktiv-ideales Gegenbild zur problemzerrissenen Industriewelt mit ihren politischen und gesellschaftlichen Krisen: Hier sei der ›völkische Lebensgrund‹ zu finden, von dem aus die Ganzheit des Lebens und die Gemeinsamkeit des Volkes gegen die Relativierungen und Interessenantagonismen der liberal-sozialistisch-bürgerlichen Industriewelt rettend wiederhergestellt werden sollte. O. Brües (»Der Walfisch im Rhein« 1931, »Das Mädchen von Utrecht« 1933), H. Steguweit (»Der Jüngling im Feuerofen« 1932, »Am ewigen Ufer« 1936, »Der Nachbar zur Linken« 1936), H. Zerkaulen (»Lieder vom Rhein« 1923, »Die Welt im Winkel« 1928), J. Kneip (»Hampit der Jäger« 1927, »Bauernbrot« 1934), M. Jahn (»Unkepunz« 1931, »Die Geschichte von den Leuten an der Außenfohrde« 1929/1936), K. B. v. Mechow (»Vorsommer« 1933), H. Chr. Kaergel (»Ein Mann stellt sich dem Schicksal« 1929, »Hockewanzel« 1934) oder G. Britting (»Gedichte« 1930, »Die kleine Welt am Strom« 1933) sind noch die bekanntesten Namen dieser einst viel gelesenen provinzidyllischen Gegenliteratur.

Zu *Britting* vgl. IB II 2, S. 188 f.
D. *Bode,* Georg Britting, 1962.
D. *Jäger,* Der verheimlichte Raum in Faulkners »A Rose for Emily« und Brittings »Der Schneckenweg«. LWU 1, 1968, S. 108–116.
zu *Brües* vgl. *A. v. Grolmann,* O. Brües, Die Neue Literatur 36, 1935, S. 711–718.
J. *Cladders,* O. Brües, masch. Diss. Bonn 1955.

zu *Jahn* vgl. IB II2, S. 335.
U. *Bichel,* M. Jahn als niederdeutscher Dichter; Niederdtsch. Jb. 93, 1970, S. 154–167.
W. *Jantzen* (Hrsg.), M. Jahn-Freundesgabe, 1959.
W. W. *Seeger,* The East Frisian Dialect in the Low German Works of M. Jahn, Diss. Univ. of Wisc. 1970.
M. *Töteberg,* Statistische Untersuchungen zur Prosa M. Jahns; Niederdtsch. Jb. 96, 1973, S. 169–173.
zu *Kneip* vgl. IB II 2, S. 377.
zu *v. Mechow* vgl. IB II 2, S. 464.
R. *Carsten,* K. B. v. Mechow, Stockholm 1942.
G. *Lukács,* Zwei Romane aus Hitlerdeutschland (1942), in: G. L., Schicksalswende, [2]1955, S. 97–102.
zu *Steguweit* vgl. IB II 2, S. 562.
zu *Zerkaulen* vgl. *H. Grothe,* Die Feier des Lebens, 1942.
G. *Rühle,* Zeit und Theater, Bd. III, 1974, S. 742–754.
H. *Wanderscheck,* H. Zerkaulen, 1939.

Noch entschiedener als die Provinzliteratur hat die *Blut-und-Boden-Literatur* die Vorstellung von der völkisch-national-konservativen und nationalsozialistischen Literatur bestimmt. Die Formel ›Blubo‹ ist nahezu identisch gesetzt worden mit nazistischer Literatur. In dieser Sparte der regressiven Fluchtliteratur müssen ›Bauern‹, überhaupt alle angeblich archaischen Berufe, die Funktion übernehmen, die verlorene Ganzheit über eine angeblich mythische Distanz hin rettend zu repräsentieren. In Norddeutschland sind dabei mythisierende Bauernromane und Provinzliteratur nicht immer klar zu scheiden. Es versteht sich, daß das landwirtschaftliche Motiv diese Aufladung mit antimoderner Ideologie nur dann tragen konnte, wenn die realen Schwierigkeiten, die gerade der Landwirtschaft aus dem Industrialisierungsprozeß erwuchsen und deren mangelhafte Meisterung gerade in Norddeutschland zu nicht unerheblichen Bauernunruhen führte, konsequent übergangen wurden. So war in dieser Literatur, in der sich der Antimodernismus der Weimarer Literatur am hemmungslosesten prostituierte, auch nur vom mythischen, ewigen, transgeschichtlichen ›Bauerntum‹ die Rede, von dessen übergeschichtlichen wundersamen Wirkungen sich das lesende städtische Kleinbürgertum eine Heilung seiner Misere versprach. Unlöslich verband sich mit dem Bauernmotiv das rassistische Ideologem: Bauer und Germane, das ist in dieser Produktion eins. Auch hier verleitet die Eintönigkeit der Produktion – trotz manchen Varianten – zur bloßen Auflistung der wichtigsten Namen: E. Strauß (»Prinz Wieduwitt« 1898, »Das Riesenspielzeug« 1933), J. Berens-Totenohl (»Femhof« 1934, »Frau Magdlene« 1935), W. Pleyer (»Till Scheerauer« 1932, »Die Brüder Tommahans« 1935), R. Billinger (»Über die Äcker« 1923, »Das Perchtenspiel« 1928), Fr. Griese (»Der ewige Acker« 1930, »Mensch, aus Erde gemacht« 1933), L. Tügel (»Die Treue« 1932, »Sankt Blehk oder Die große Veränderung« 1934), P. Dörfler (»Allgäu-Trilogie« 1934–1936).

zu *Billinger* vgl. IB II 2, S. 688 f.
H. Gerstinger, R. Billinger als Dramatiker, Diss. Wien 1947.
A. Großschopf, R. Billingers Einkehr in Enzenkirchen, Vj. d. Stifter-Inst. 22, 1973, S. 135–139.
V. Suchy, Bauer, Hirt und Knecht. Ihre Mythisierung bei drei österr. Lyrikern der Zwischenkriegszeit, in: *A. Eder* (Hrsg.), Marginalien zur poetischen Welt, 1971, S. 427–480.

zu *Dörfler* vgl. IB II 2, S. 215.

zu *Griese* vgl. IB II 2, S. 278.
Von der Beständigkeit des Wortes. Mit Beiträgen über das Werk des Dichters, 1962.
K. O. Conrady, Ein Disput um eine Preisverleihung, in: K. O. C., Literatur und Germanistik als Herausforderung, 1974, S. 215–226.
E. L. Kerkhoff, Ausdrucksmöglichkeiten neuhochdeutschen Prosastils. Ein kritischer Versuch an Fr. Grieses Roman »Die Weißköpfe«. Diss. Groningen 1949.
A. Nivelle, Fr. Grieses Romankunst, Paris 1951.

zu *Pleyer* vgl. IB II 2, S. 494 f.

zu *Tügel* vgl. IB II 2, S. 595 f.

zu *Waggerl* vgl. IB II 2, S. 807 – Kleine Bibliographie der Werke, Salzburg 1967.

L. *Besch* (Hrsg.), Waggerl, genauer betrachtet, Salzburg 1967.
H. P. *Treiber*, Die Romankunst Waggerls, masch. Diss. Wien 1973.

Die Literaturwissenschaft hat in ihrer einseitigen methodischen Ausrichtung auf Werkuntersuchung und allenfalls biographische Zusammenhänge das Feld der Institutionenkunde sträflich vernachlässigt, so daß über die Literaturpolitik der Weimarer Zeit, über schriftstellerische Vereinigungen unter den opponierenden Autoren, über Verlage und Zeitschriften nur wenig bekannt geworden ist, und die wenigen intensiveren Arbeiten stammen meist aus anderen Disziplinen und stellen deswegen die literarischen Probleme nur unter ihren speziellen Blickrichtungen dar. So liegt die kommunikationspolitische Grundlage der opponierenden Literatur der Weimarer Zeit ziemlich im Dunkeln.

E. *Demant*, Von Schleicher zu Springer. Hans Zehrer als politischer Publizist, 1971.
M. *Durzak*, Epigonenlyrik. Zur Dichtung des George-Kreises; Jb. d. dtsch. Schillerges. XIII, 1969, S. 482–529.
K. *Fritzsche*, Politische Romantik und Gegenrevolution. Fluchtwege in der Krise der bürgerlichen Gesellschaft: Das Beispiel des ›Tat‹-Kreises 1975.
D. *Guratzsch*, Macht durch Organisation. Die Grundlegungen des Hugenbergschen Presseimperiums, 1974.
W. *Kessler*, W. Stapel als politischer Publizist, 1967.
G. *Köhler*, Kunstanschauung und Kulturkritik in der nationalsozialistischen Presse. Die Kritik des VB 1920–1932, Diss. München 1937.
V. *Mauersberger*, R. Pechel und die ›Deutsche Rundschau‹ 1919–1933, 1971.
F. *Mennekes*, Die Republik als Herausforderung. Konservatives Denken in Bayern zwischen Weimarer Republik und antidemokratischer Reaktion (1918–1925), 1973.
F. *Schlawe*, Literarische Zeitschriften 1910–1933, ²1973.
B. *Treude*, Konservative Presse und Nationalsozialismus. Inhaltsanalyse der ›Neuen preußischen (Kreuz-)Zeitung‹ am Ende der Weimarer Republik, angekündigt f. 1976.

V. Die völkisch-national-konservative und nationalsozialistische Literatur während der offenen Herrschaft
des Faschismus in Deutschland (1933–1945)

Nach weit verbreitetem Urteil erlebte die völkisch-national-
konservative und nationalsozialistische Literatur zwischen
1933 und 1945 – als ›Literatur des III. Reichs‹ – ihre ausge-
prägteste Phase. Dem ist entgegenzuhalten, daß das Jahr 1933
(anders als die Nationalsozialisten wollten) kein literaturge-
schichtliches Epochenjahr war. Mit wenigen Ausnahmen ist die
›Literatur des III. Reichs‹ bereits in der Weimarer Republik geschrieben worden, und die Autoren, die auf der kulturellen
Bühne agierten (etwa die Blunck und Schäfer, Kolbenheyer
und Griese, Münchhausen und Johst, Beumelburg und Grimm)
hatten die Zeiten ihrer wichtigsten schriftstellerischen Aktivitäten bereits hinter sich. Es kam wenig Neues hinzu, und dieses
Neue verlängerte die Bemühungen der 20er in die 30er und
40er Jahre hinein. Auch nationalsozialistische Selbstdarstellun-
gen sind außerordentlich kurzatmig in der Propagierung immer
neuer Namen.

1933 ist nur unter zwei Gesichtspunkten ein literaturge-
schichtliches Datum: 1933 veränderte sich das politische Bezugsfeld radikal: die Literatur, die in Wilhelminischer und
Weimarer Zeit die Tendenzen der ökonomischen, sozialen und
politischen Prozesse aus dem Denk- und Erfahrungshorizont
des Klein- und Bildungsbürgertums so vehement kritisiert hatte, bekam mit einem Schlage den Charakter einer überhöhen-
den Bestätigungs- und Rechtfertigungsschriftstellerei, und zwar
auch dann, wenn sie keine offene Parteigängerliteratur war.
Selbst als sich herausstellte, daß der Nationalsozialismus diesen
geschichtlichen Tendenzen durchaus keine andere Richtung
gab, sie in manchen Bereichen sogar eher beschleunigte, war
teils aus machtpolitischen, teils aus ideologischen Gründen dieser Funktionswandel nicht aufzuheben. Selbst die ›Innere Emigration‹ blieb vereinnahmbar. Außerdem: Was bislang eine unter manchen Möglichkeiten der deutschen Literatur gewesen
war (wenn auch die quantitativ mächtigste), wurde 1933 mit

Hilfe des staatlichen Machtapparats – bei meist terroristischer Unterdrückung aller anderen Richtungen – zur einzigen deutschen Dichtung erklärt und in den Rang einer Staatsliteratur erhoben. Der durch die Staatsgewalt etablierte Repräsentanzcharakter, der die Literatur gleichsam zur Hofliteratur machte, verhinderte wohl auch, daß diese ihr bislang so feines Sensorium für die Krisensituation des Klein- und Bildungsbürgertums im liberal-kapitalistischen Staat verlor, deswegen erstarrte und nur noch (schlechte) Propagandafunktion erfüllte. 1933 änderte sich an der Literatur wenig, aber ihr Bezugsfeld änderte sich – und das wirkte wieder zurück auf die Literatur.

Obwohl die kritische Beschäftigung mit der völkisch-national-konservativen und nationalsozialistischen Literatur ihre Aufmerksamkeit außer auf das Problem der historischen Wurzeln besonders auf die Literatur des III. Reichs gelenkt hat, bleiben die Ergebnisse doch punktuell und auf weite Strecken unzusammenhängend. Die Schwerpunkte liegen dabei auf den Bereichen der Literaturpolitik, der Sprachkritik und der Theaterliteratur. Einen detaillierteren Überblick über den breiteren Zusammenhang der Literatur des III. Reichs gibt es bislang noch nicht.

Textsammlungen:

S. L. Gilman, NS-Literaturtheorie, 1971.

U.-K. Ketelsen, Von heroischem Sein und völkischem Tod. Zur Dramatik des Dritten Reiches, 1970.

Die deutsche Literatur, Bd. 15: Neue Sachlichkeit, Literatur im Dritten Reich und im Exil, 1974.

E. Loewy, Literatur unterm Hakenkreuz, ²1969.

G. Rühle, Zeit und Theater, Bd. III (1933–1945), 1974.

K. Vondung, Völkisch-nationale und nationalsozialistische Literaturtheorie, 1973, S. 23–102.

J. Wulf, Literatur und Dichtung im Dritten Reich, 1963.

darstellende Literatur:

vgl. oben S. 5 f.

R. Geissler, Dichter und Dichtung des Nationalsozialismus, in: *H. Kunisch* (Hrsg.), Handbuch der Gegenwartsliteratur, 1965, S. 721–730.

Ders., Versuch einer Ortsbestimmung der nationalsozialistischen Literatur; Duitse Kroniek XIX, 1967, H. 1, S. 2–20.

Chr. Jenssen, Deutsche Dichtung der Gegenwart, 1936.

H. Kindermann, Die deutsche Gegenwartsdichtung im Aufbau der Nation, 1935.

P. Kluckhohn, Die konservative Revolution in der Dichtung der Gegenwart; ZDB IX, 1933, S. 177–190.

F. Koch, Der Weg zur volkhaften Dichtung der Gegenwart (1); ZfDk 51, 1937, S. 1–14.

K. Köhler, Einführung in das Schrifttum der Gegenwart, 1937.

H. Langenbucher, Dichtung der jungen Mannschaft, 1935.

Ders., Volkhafte Dichtung der Zeit, [6]1941.

N. Langer, Die deutsche Dichtung seit dem Weltkrieg. Von Paul Ernst bis Hans Baumann, Karlsbad [2]1941.

Fr. Lennartz, Dichter unserer Zeit, [4]1941.

W. Linden, Arteigene Dichtung unserer Zeit, 1935.

Fr. Schonauer, Deutsche Literatur im Dritten Reich, 1961.

Ders., Das Dritte Reich und seine botmäßige Literatur; NDH H. 97, 1964, S. 114–121.

Lange Zeit hat – vor allem unter dem Einfluß der Totalitarismustheorie – die *Kulturpolitik des III. Reichs* die Aufmerksamkeit stärker auf sich gezogen als die literarische Produktion selbst. Diese Konstellation reproduzierte das Bild, das die Nationalsozialisten mit allen Mitteln von der angeblich neuen Lage seit 1933 zu malen bemüht waren: das deutsche Kulturleben werde organisatorisch und geistig von Grund auf neu gestaltet und in den Dienst des ›neuen Deutschlands‹ gestellt. Und die ersten spektakulären Akte faschistischer Herrschaftsausübung, vor allem die Bücherverbrennungen am 10. Mai 1933, schienen die Wahrheit dieser Einschätzung zu unterstreichen, die – freilich aus anderen Gründen – auch von den Emigranten geteilt wurde. Die Literatur des III. Reichs präsentierte sich als Erzeugnis einer riesigen Maschinerie, die mit allen Mitteln der Beeinflussung und Bedrohung dem deutschen Volk die Prinzipien der nationalsozialistischen Weltanschauung und Politik oktroyieren sollte; die Schriftsteller des III. Reichs wurden als Federknechte einer Clique von Machthabern eingeschätzt, als Instrumente manipulativer Machtentfaltung. Dabei lassen sich zwei Tendenzen der Deutung erkennen: die eine (etwa Pitsch, Scheel) betont mehr die instrumentale Funktion von Literatur im terroristischen Machtstaat, die andere (etwa Gamm, Vondung) betont den manipulativen Charakter der Massenbeeinflussung.

Imponierend ist die Liste von Ideologemen und politischen Devisen, die die Literatur des III. Reichs propagandistisch ausstreute, verwirrend die Palette von fördernden Mitteln (wie Aufträgen, Aufnahme in Empfehlungslisten, Auszeichnungen mit Prädikaten, Ehrungen, Zuwendungen, Preisen und Ämtern) und unterdrückenden Maßnahmen (wie Vor- und Nachzensur,

Negativ-Listen, Verboten, Förderungsverweigerungen, Verkaufs-
behinderungen, Berufsverboten, Verhaftungen, Verschleppun-
gen, Ermordungen und Ausbürgerung), die dem Machtstaat zur
Verfügung standen. Damit ließ sich der Komplex: Literatur
problemlos in die allgemeine Ansicht vom III. Reich als dem
monolithischen, zentralistischen totalitären Machtstaat einbe-
ziehen. Besondere Aufmerksamkeit zog am Anfang der 60er
Jahre (Brenner, Strothmann, Scheel) die Organisationsstruktur
der Kulturpolitik der Nationalsozialisten vor und besonders
nach 1933 auf sich. Dabei wurde deutlich, daß viele der faschistischen Maßnahmen (gerade 1933/34) zunächst keine staatlichen Aktionen waren, sondern der Initiative von ›unten‹ entsprangen, die vor allem von der völkischen Fraktion getragen
wurde und die durch die Gründung zentraler Institutionen ka-
nalisiert werden sollte (Gründung des RMVP am 13. III. 1933,
der Reichskulturkammer am 15. XI. 1933). Es zeigte sich, daß
es zunächst starke Fraktionskämpfe um die Machtverteilung
und um die einzuschlagende Linie einer nationalsozialistischen
Kulturpolitik gab, deren Folge die Etablierung einflußreicher
und wuchernder Institutionen war (etwa: Preußischer Theater-
ausschuß, 1933 [Göring]; NS KdF bei der DA, 1933 [Ley];
Amt für die Überwachung der gesamten geistigen und weltanschaulichen Schulung und Erziehung der NSDAP, 1934 [Ro-
senberg]; NS-Kulturgemeinde, 1934 [Rosenberg]; Parteiamtli-
che Prüfungskommission zum Schutze des NS-Schrifttums,
1934 [Bouhler]).

Das Ergebnis dieser Untersuchung war, daß die Institutionen
der nationalsozialistischen Kulturpolitik nicht das Ergebnis eines durchdachten funktionalen Organisationskonzepts waren,
sondern jeweils aus der Situation heraus etablierte Instanzen;
besonders Goebbels erwies sich als geschickter Taktiker des
Fraktionskampfs. Diese Beobachtung verschiedener Richtungen
und Fraktionen innerhalb der nationalsozialistischen Bewegung (die gern mit den Namen von Rosenberg, Ley, Göring,
Rust, Goebbels oder O. A. Schreiber personalisiert werden)
darf nicht über die allen gemeinsame faschistische Grundlage
hinwegtäuschen; sie verweist nur auf deren Heterogeneität.

Seit dem Zerfall der Totalitarismustheorie lockerten sich die
Ansichten über den Stellenwert der Literatur im Gefüge des
III. Reichs. Es unterliegt auch weiterhin keinem Zweifel, daß
die Literatur ein nicht unwichtiges Propagandainstrument in
der Hand des Herrschaftsapparats war, aber der ungeschmäler-
te Glaube an ihre (ohnehin nicht recht beweisbare) Wirksam-

keit ging verloren, zumal eine Verschiebung im Mediengefüge beobachtet werden muß: die Bedeutung der Literatur für die Herstellung einer Massenbasis des Faschismus nimmt sich neben der von Zeitungen, Illustrierten, Rundfunk, Film, Schulungseinrichtungen und Massenveranstaltungen gering aus. Zudem meldeten sich Zweifel am idealistischen Dezisionismus dieses kulturpolitischen Explikationsmodells: als wenn die Deutschen, ihre faschistischen Dichter lesend, auf einmal die nationalsozialistische Ideologie und die entsprechende Politik plausibel gefunden hätten.

Sowohl die geistesgeschichtlichen Konstanten der bildungs- und kleinbürgerlichen Kulturtradition wie auch die gesellschaftlichen Konstellationen der Gruppen und Schichten, die an den literarischen Prozessen beteiligt waren, traten in ihrer determinierenden Funktion deutlicher in den Blick; die kategorische Trennung von Herrschern und Beherrschten wurde problematisch. (Marxistische und liberal-radikaldemokratische Einflüsse haben fördernd auf solche Erkenntniserweiterung gewirkt.) Ohne daß ein neues Deutungssystem der nationalsozialistischen Kulturpolitik entworfen worden wäre, trat die Einsicht hervor, daß es manche und bedeutsame kulturpolitische Kontinuitäten über das Jahr 1933 hin gab, und nicht nur in Hinsicht auf das Regime Frick in Thüringen. ›Linke‹ Autoren hatten auch vor 1933 bereits teilweise schärfste staatliche Verfolgung zu ertragen, gerade auf lokaler Ebene änderte sich nach der ›Machtergreifung‹ z. T. sehr wenig; auch dezidierte Nationalsozialisten stürzten am Ende weniger, als sie verkündet hatten (etwa in den Theatern); die auf den ersten Blick unpolitische unterhaltende Massenliteratur blieb nahezu unberührt von Veränderungen; die nationalsozialistischen kulturpolitischen Aktivitäten waren vor allem negativer, unterdrückender und eliminierender Natur und bedeuteten damit eine Förderung der völkisch-national-konservativen Literatur (zumeist aus der Weimarer Zeit oder in deren Kontinuität).

Im Gefolge dieser Einsichten wuchs das Interesse an einzelnen Institutionen der nationalsozialistischen Kulturpolitik, an ihren Leitern und deren Intentionen; hier bleibt aber noch fast alles zu tun. Und schließlich wird man das wuchernde Neben- und Gegeneinander der kulturpolitischen Institutionen (über die persönlichen Rivalitäten von Rosenberg und Goebbels hinaus) an der These vom ›Ämterchaos‹ im Zusammenhang der Heteronomietheorie (H. Mommsen, M. Broszat) überprüfen müssen. (Wenn sich die faschistische Kulturpolitik in ihren großen Linien dann doch als relativ konsistent darzubieten scheint, liegt das wohl vor allem daran, daß Hitler den Auseinandersetzungen seit 1934 einige begrenzende Leitlinien zog, die die national-völkischen Grundlagen dieser Politik sicherten, daran, daß die kleinbürgerlich-regressive, volksromantische Kunsttradition bestimmend wirkte, und daran, daß sich viele Vertreter variierender oder anderer Möglichkeiten intensiverer Mitarbeit entzogen, so daß der faktische Spielraum ziemlich eng war.)

Zur Literatur vgl. auch oben S. 29 f.

D. *Aigner,* Die Indizierung schädlichen und unerwünschten Schrifttums im Dritten Reich; Börsenblatt d. Dtsch. Buchhandels 26, 1970, S. 1430 bis 1480.

G. *Albrecht,* Nationalsozialistische Filmpolitik, 1969.

W. *Alff,* Die Angst vor der Dekadenz. Zur Kulturpolitik des deutschen Faschismus, in: W. A., Der Begriff Faschismus, 1971, S. 124–141.

W. E. *August,* Die Stellung der Schauspieler im Dritten Reich. Versuch einer Darstellung der Kunst- und Gesellschaftspolitik in einem totalitären Staat am Beispiel des Berufsschauspielers, Diss. Köln 1973.

R. *Bollmus,* Das Amt Rosenberg und seine Gegner, 1970.

B. *Brecht,* Aufsätze über den Faschismus; Ges. Werke, 1967, Bd. XX, S. 179–265.

H. *Brenner,* Die Kunstpolitik des Nationalsozialismus, 1963.

H.-J. *Gamm,* Der braune Kult, 1962.

F. J. *Heyen* (Hrsg.), Nationalsozialismus im Alltag, 1967.

P. *Hoevel,* Wesen und Aufbau der Schrifttumsarbeit in Deutschland, 1942.

I. *Jens,* Dichter zwischen rechts und links. Die Geschichte der Sektion für Dichtkunst der Preußischen Akademie der Künste, 1971.

M. H. *Kater,* Das »Ahnerbe« der SS 1935–1945. Ein Beitrag zur Kulturpolitik des Dritten Reichs, 1974.

I. *Pitsch,* Das Theater als politisch-publizistisches Führungsmittel im Dritten Reich, masch. Diss. Münster 1952.

W. *Rischer,* Die nationalsozialistische Kulturpolitik in Düsseldorf 1933–1945, 1972.

K. *Scheel,* Meinungsmanipulation im Faschismus. Die faschistische Propagandamaschinerie – Bestandteil des staatsmonopolistischen Herrschaftsapparats in Nazideutschland, Zeitschr. f. Gesch.wiss. XVII, 1969, S. 1283–1303.

K. *Schmeer,* Die Regie des öffentlichen Lebens im Dritten Reich, 1956.

E. *Stockhorst,* Fünftausend Köpfe. Wer war was im Dritten Reich, 1967.

D. Strothmann, Nationalsozialistische Literaturpolitik, ²1963.

B. Vollmer, Volksopposition im Polizeistaat, Gestapo- u. Regierungs-
berichte 1934–1936, 1957.

K. Vondung, Magie und Manipulation. Ideologischer Kult und politische Religion des Nationalsozialismus, 1971.

H.-A. Walter, Deutsche Exilliteratur, Bd. I: Bedrohung und Verfolgung bis 1933, ²1973.

Im Unterschied zu den beiden anderen Phasen der Geschichte der völkisch-national-konservativen und nationalsozialistischen Literatur in Deutschland, in denen die *Institutionen des
literarischen Lebens* nicht sehr starke Aufmerksamkeit der Li-
terarhistoriker auf sich gezogen haben, war das Interesse daran
im Hinblick auf das III. Reich etwas reger; ein liberales Verständnis von Öffentlichkeit beobachtete den Zustand dieser Institutionen unter einem diktatorischen Staat mit stärkerem Engagement; und die Einschränkung der institutionalisierten
Kommunikationsmöglichkeiten auf dem Gebiet der Literatur
hat das liberale Bild vom III. Reich nicht unwesentlich ge-
prägt; sie galt als spezielles Indiz für die Gültigkeit des Totali-
tätsprinzips.

Besondere Nachforschungen wurden auf dem Sektor der
Zeitungen und *Zeitschriften* und ihrer Kulturteile angestellt,
wobei sich zwei Schwerpunkte herausbildeten: es wurde gezeigt, wie die nationalsozialistischen Blätter (vor allem natürlich der »VB«, raffinierter und international reputierlicher das
von Goebbels betriebene »Das Reich«) sich auch mit ihrem
Feuilleton instrumental in den Dienst der faschistischen Macht-
ausübung stellten. Wenn man nicht allein auf die Thesen der
totalitaristischen Manipulationstheorie fixiert bleibt, ist auf-
schlußreich, wie eine literarische Intelligenz (die teilweise nach
1945 in Westdeutschland eine nicht unbedeutende Rolle spielen
sollte) sich in den Spielräumen einzurichten vermochte, wie sie
etwa »Das Reich« ihr nicht ohne Kalkül gewährte; hier schrieben u. a. K. Korn, J. Petersen, H. O. Wesemann, M. Boveri.
Außerdem wurde (zumeist aus liberaler Sicht) gezeigt, wie die
wenigen bürgerlich liberalen Blätter, die es nach 1933 noch gab
(vor allem die »FZ«), versuchten, dem ›Geist des III. Reichs‹
Widerstand zu leisten. Dabei wird auch in diesem Bereich
deutlich, wie wenig die ›Bürgerlichen‹ trotz der faschistischen
Entwicklung in der Weimarer Republik organisatorisch und
analytisch für die 33er Situation gerüstet waren. Das ›Widerstehen‹ blieb persönlich-vereinzelt, auf einen vagen Begriff
von ›Menschlichkeit‹ im Sinne der idealistischen Bildungskultur

gegründet, am Ende oftmals nur eine ohnmächtige Demonstration von ›Stil‹ (der man angesichts der Realität trotz ihrer Wirkungslosigkeit nicht den persönlichen Mut absprechen darf).

FACSIMILE QUERSCHNITT durch »Das Reich«, hrsg. v. *H. D. Müller,* 1964.

FACSIMILE QUERSCHNITT durch den »Völkischen Beobachter«, hrsg. v. *S. Noller* u. *H. v. Kotze,* 1967.

FACSIMILE QUERSCHNITT durch das »Schwarze Korps«, hrsg. v. *H. Heiber* u. *H. v. Kotze,* 1969.

J. Hagemann, Die Presselenkung im Dritten Reich, 1970.

Fr. Hepp, Der geistige Widerstand im Kulturteil der ›Frankfurter Zeitung‹ gegen die Diktatur des totalen Staates. 1933–1943, masch. Diss. München 1949.

E. Martens, Zum Beispiel »Das Reich«. Zur Phänomenologie der Presse im totalitären Regime, 1972.

J. Nolte, »Frankfurter Zeitung«, in: J. N., Grenzgänge, Wien 1972, S. 225–229.

Ders., »Das Reich«, ebd., S. 230–239.

H. Proebst, »Inneres Reich« und Öffentlichkeit; Publizistik 8, 1963, S. 549–554.

F. Schwarz, Literarisches Zeitgespräch im Dritten Reich, dargestellt an der Zeitschrift »Neue Rundschau«, 1972.

F. Sänger, Politik der Täuschung, Wien 1975.

Damit waren der *Literaturkritik* die Bedingungen vorgegeben. Die kleinbürgerlichen Aversionen gegen die liberal-bürgerliche Kritik der Weimarer Zeit erleichterten das restriktive Vorgehen auf diesem Sektor der öffentlichen Kommunikation sicherlich. Daß diese Aversionen so leicht zu mobilisieren waren, ist wohl als ein Indiz dafür zu werten, daß die kulturelle Kritik der bürgerlichen Zeitungen die spezifische Situation dieser Leserschichten nicht zu verarbeiten vermocht hatte. Dem trugen die nationalsozialistisch orientierten Zeitungen insofern Rechnung, als sie den neuen Massenmedien, und vor allem dem Film, eine sehr deutlich herausgehobene Bedeutung einräumten. Die Literaturkritik wurde 1933 in den institutionalisierten Zwangsverband der nationalsozialistischen Kulturpolitik integriert; am 27. XI. 1936 wurde die ›Kritik‹ per Erlaß ganz verboten und durch die fördernde ›Betrachtung‹ ersetzt. Diese Maßnahme war übrigens nicht allein gegen die nicht-nationalsozialistische Literaturkritik gerichtet (deren Spielraum ohnehin nicht sehr groß war), sondern verfolgte zugleich den Zweck, den Fraktionskampf der verschiedenen nationalsozialistischen Gruppen zu kanalisieren, vor allem den Auseinandersetzungen zwischen den Generationen die Artikulationsmöglichkeiten zu beschneiden.

Wie prekär die Situation (nicht nur politisch sondern vor allem geistig) für jene war, die sich nicht als Nationalsozialisten verstanden, ohne aber im breiten bürgerlichen Traditionsstrom andere als vage festzulegende Positionen definieren zu können, vermöchte eine genauere Untersuchung der für das geistige Klima im III. Reich so wichtigen Literaturzeitschrift ›Das Innere Reich‹ zu zeigen. Hier fanden die Blut- und Bodendichter wie die Barden der Macht nur den aus Opportunitätsgründen zu gewährenden Raum, aber hier veröffentlichte etwa auch M. Heidegger seine raunende Deutung Hölderlins, des literarischen Jüngling-Ideals des III. Reichs; hier fand der ns-protegierte, das Schicksal anbetende Odenschreiber J. Weinheber sein Forum, und hier breitete in verquälten Mythen C. Langenbeck seine Hitler legitimierenden Ideen von der »Wiedergeburt des Dramas aus dem Geist der Zeit« aus.

R. Geissler, Form und Methoden der nationalsozialistischen Literaturkritik; Neoph. 51, 1967, S. 262–267.
K. Hass, Literaturkritik im Dritten Reich. Aufgabe, Maßstäbe und Organisationen; Frankf. Hefte 29, 1974, H. 1, S. 52–60.
H. J. Kliesch, Die Film- und Theaterkritik im NS-Staat, masch. Diss. FU Berlin 1957.
H. Mayer, Deutsche Literaturkritik der Gegenwart 1933–1968, T. 1, 1971.

Dem *Theater* der Weimarer Republik hatten die wütendsten Angriffe der Nationalsozialisten gegolten, und hier grundlegende Änderungen herbeizuführen, war einer der zentralen Punkte ihres kulturpolitischen Programms. Am 8. Mai 1933 verkündete Goebbels, die Prinzipien der ›stählernen Romantik‹ hätten auch im Theater zu gelten. Die Elimination jüdischer und demokratischer Schauspieler und Schriftsteller aus dem Theaterbetrieb ließ sich noch relativ leicht bewältigen, mißliche Stücke schnell vom Spielplan streichen (zumal solche Aktivitäten nur Verschärfungen von Tendenzen aus den letzten Weimarer Jahren bedeuteten). Zwar gelangten Stücke aufs Theater, die aus dem Geist offenen Engagements für den Nationalsozialismus oder wenigstens für einen allgemeinen Faschismus geschrieben waren, aber die in Aussicht gestellte fundamentale Umgestaltung fand nicht statt. Die Nationalsozialisten mußten auf das Personal zurückgreifen, das sie vorfanden und nur sehr langsam umgruppieren konnten, personelle Verfilzungen blokkierten Aktionen, die miserable wirtschaftliche Lage der meisten Theater zwang dazu, die offene Politisierung sogar zurückzuschrauben und aus Gründen der finanziellen Sanierung den zuvor geschmähten Unterhaltungswert zu steigern, das verworfene Startheater, also die soziale Hierarchisierung des künstlerischen Personals, blühte in den 30er Jahren wie kaum zuvor, und entsprechend war der Inszenierungsstil. Auch fehlte es an adäquaten Stücken.

Anstatt das Theater zum Ort mythischer Volkwerdung umzuschmelzen, erfüllte das Theater wie eh und je die (als Pflege der deutschen Klassik ausgegebene) demonstrative Funktion, die sozialen Differenzen in Staat und Gesellschaft repräsentativ auszustellen, und übernahm mehr und mehr – zunächst auf den Großbaustellen des Reichs, dann an der Front und schließlich in der Heimat – die gewohnte Aufgabe, Erbauung und Amüsement in traurigen Zeiten zu liefern. Die spektakulären Neuerungsversuche, etwa auf Reichstheatertagen, in Mustertheatern (z. B. am Berliner Nollendorfplatz) oder im Thingspiel, scheiterten bestenfalls im Repräsentativen. Die entscheidenden Theater blieben – mit den nötigen Zugeständnissen an die Machtkonstellationen – Domänen bürgerlichen Kunsttheaters, wobei die bildungsbürgerlichen Traditionen einer verinnerlichten ›Kunst‹vorstellung gepflegt wurden, auf diese Weise weit über 1945 hinauswirkend. Breitgefächerte Einzeluntersuchungen täten hier not. Was die Nationalsozialisten als ihr eigentliches Theaterprogramm verkündet hatten, lösten sie noch am ehesten im Film ein, und auch dort mit sehr charakteristischen Einschränkungen (etwa blühte auch dort der Starkult, dem überdies noch ein Element kleinbürgerlicher Sexualneurosen zuwuchs).

W. *Danielsen*, Hundert Jahre Kieler Theater, 1841–1944, 1961.

F. *Emmel*, Theater aus deutschem Wesen, 1937.

A. *Gentsch*, Die politische Struktur der Theaterführung, 1942.

H. *Haider-Pregler*, Das Dritte Reich und das Theater; Maske und Kothurn 17, 1971, S. 203–214.

E. *Kühlken*, Die Klassiker-Inszenierungen von G. Gründgens, 1972.

Kl. *Mann*, Mephisto, Amsterdam 1936.

E. *Lüth*, Hamburger Theater 1933–1945, 1962.

K. H. *Ruppel*, Berliner Schauspiel. Dramaturgische Betrachtungen 1936-42, 1943.

W. v. *Schramm*, Neubau des Theaters, 1934.

J. *Wulf*, Theater und Film im Dritten Reich, 1964.

G. *Albrecht*, Nationalsozialistische Filmpolitik. Eine soziologische Untersuchung über die Spielfilme des Dritten Reiches, 1969.
F. *Courtade* u. P. *Cadars*, Geschichte des Films im Dritten Reich, 1975.
K. *Denzer*, Untersuchungen zur Filmdramaturgie des Dritten Reiches, Diss. Kiel 1970.
D. *Hollstein*, Antisemitische Filmpropaganda. Die Darstellung des Juden im nationalsozialistischen Spielfilm, 1972.
Dies., Das Judenbild im nationalsozialistischen Spielfilm, 1969.

Auch für die *Universitätsgermanistik* bildete das Jahr 1933 keinen historischen Graben. Im großen und ganzen wurde die personelle Kontinuität des Fachs gewahrt, und diejenigen, die ihre Lehrposten verlassen mußten (etwa Alewyn, Hirsch, von der Leyen, Liepe, Lützeler, Viëtor), waren dazu in den seltensten Fällen wegen ihrer wissenschaftlichen Auffassungen gezwungen, sondern aus persönlichen Gründen, zumeist weil sie, ihre Ehepartner oder ihre Vorfahren jüdischen Glaubens waren. Die Fachvertreter reagierten darauf äußerlich in der Regel mit Gelassenheit; privat, in Briefen (von denen manche im Marbacher Literaturarchiv aufbewahrt werden), äußerste sich allerdings auch Unmut. Der ›Geist des Faches‹ wurde von den personellen Veränderungen kaum betroffen. Die erneute Aufwertung der Wissenschaft vom deutschen Menschen wurde weithin dankbar aufgenommen. Die deutsche Germanistik stellte sich dar als die ins Repräsentativ-Öffentliche gehobene (klein)bürgerliche Kulturtradition in Deutschland. Die deutsch-patriotische Gesinnung gab die Möglichkeit zu einem politischen Arrangement mit den herrschenden politischen Tendenzen, die Bewahrung klassischer und spätromantischer Literaturauffassungen (vor allem in der von W. Dilthey erneuerten Form) lieferte die Möglichkeit zu einem geistigen Arrangement mit den herrschenden kulturellen Tendenzen. Schlegelsche Intellektualität oder Gervinussches demokratisches Engagement verpflichteten das Fach nicht länger; erst nach etwa 1960 wurde es sich dieser Tradition wieder bewußt. In ihrer Aufarbeitung lag die erste Chance einer Neuorientierung.

Nach 1945 verweigerte die westdeutsche Germanistik beharrlich jede öffentliche Reflexion über die Situation, in der sie sich zwischen 1933 und 1945 befunden hatte. Die geistesgeschichtlichen Ansätze, die in der deutschen Literaturwissenschaft seit der Jahrhundertwende vorgeherrscht hatten, wurden von formalistischen und ›werkimmanenten‹ Verfahrensweisen zurückgedrängt; allenfalls noch die ›Situation des Menschen‹ beschäftigte germanistisches Nachdenken, die im vollsten Wortsinn historische Konstellation jedenfalls kaum.

Dieser Bann des Schweigens wurde (nach einigem Vorgeplänkel) erst gebrochen, als auf dem Münchner Germanistentag 1966 von jüngeren Fachvertretern (Conrady, Killy, Lämmert, v. Polenz) endlich eine öffentliche Diskussion über die Geschichte des Fachs eröffnet wurde. Dabei wurde vor allem an den deklaratorischen Äußerungen einflußreicher Fachvertreter (etwa von H. Brinkmann, H. Cysarz, G. Fricke, H. Kindermann, F. Koch, J. Nadler, K. J. Obenauer, H. Pongs) die Fragwürdigkeit damaliger fachgermanistischer Darlegungen herausgestellt, die fatale Harmonie zwischen vorherrschenden literaturwissenschaftlichen Positionen und den herrschenden politischen Doktrinen angeprangert und endlich auf die ungebrochene, über hundertjährige Tradition solcher Meinungen und Haltungen innerhalb der Geschichte des Fachs hingewiesen.

Von marxistischer Seite erhob sich – teilweise an ältere Ansätze in der DDR anknüpfend – schnell Kritik an dieser Kritik des Fachs (W. F. Haug, M. Pehlke), die zwar subjektiv ehrlich, aber dennoch »hilflos« sei, weil sie mit dem Kritisierten noch auf ein und derselben ideologischen Plattform stehe: die historische (und d. h. die ökonomische) Grundlage der fachwissenschaftlichen Situation 1933 und die Notwendigkeit zu einer neuen (nicht-bürgerlichen) Wissenschaftspraxis würden nicht klar.

In der Folge dieser Kontroverse bildeten sich zwei Richtungen der Germanistikkritik heraus: eine marxistisch orientierte, welche die Germanistik als eine ›bürgerliche Wissenschaft‹ apostrophiert und deren Funktion im Kontext kapitalistischer Produktionsverhältnisse und ihrer Veränderung untersucht; und eine liberal orientierte, welche die Germanistik als ›deutsche Wissenschaft‹ apostrophiert und (zumeist mit ideologiekritischem Interesse) deren (unheilvolle) Bedeutung im Kontext der Etablierung eines deutschen Nationalstaats im 19. Jh. und seines hypertrophen Endes im 20. Jh. untersucht. Beide Richtungen konnten sich auch verquicken. Seit den beginnenden 70er Jahren erstarrten die Auseinandersetzungen allerdings auf den erreichten Positionen.

Diese Diskussion müßte mit neuen Arbeitsansätzen wieder in Gang gesetzt werden: es täten Einzeluntersuchungen über führende Germanisten seit der Jahrhundertwende not, es müßten sozialgeschichtliche Untersuchungen über den Berufsstand der deutschen Hochschulgermanisten angestellt werden, es müßten wissenschaftspolitische Untersuchungen geleistet werden, die die Geschichte des Fachs nicht länger als eine Geschichte sich durchsetzender wissenschaftlicher Qualität darstellten, sondern als eine Folge politischer Entscheidungen (etwa bei der Errichtung, Ausstattung, Ausweitung und Besetzung von Lehrstühlen, bei der Nachwuchsselektion, bei der Aufstellung von Prüfungsordnungen etc.) erkennbar machte.

G. Herfurth u. a., Topographie der Germanistik. Standortbestimmungen 1966–1971. Eine Bibliographie, 1971.

Autorenkollektiv sozialistischer Literaturwissenschaftler Westberlin Zum Verhältnis von Ökonomie, Politik und Literatur im Klassenkampf, 1971.

K. O. Conrady, Germanistik in der Diskussion, in: K.O.C., Literatur und Germanistik als Herausforderung, 1974, S. 240–257.

W. Dahle, Der Einsatz einer Wissenschaft. Eine sprachinhaltliche Analyse militärischer Terminologie in der Germanistik 1933–1945, 1969.

M. Doehlemann, Germanisten in Schule und Hochschule. Geltungsanspruch und soziale Wirklichkeit, 1975.

H. J. Frank, Geschichte des Deutschunterrichts. Von den Anfängen bis 1945, 1973.

J. Fränkel, Verratene Wissenschaft, in: J. F., Dichtung und Wissenschaft, 1954, S. 256–264.

F. Gress, Germanistik und Politik. Kritische Beiträge zur Geschichte einer nationalen Wissenschaft, 1971.

W. F. Haug, Der hilflose Antifaschismus. Zur Kritik der Vorlesungsreihen über Wissenschaft und NS an deutschen Universitäten, ³1970.

P. Kluckhohn, Deutsche Literaturwissenschaft 1933–1940; Forschungen und Fortschritte XVII, 1941, S. 33–39.

E. Lämmert, W. Killy, K. O. Conrady, P. v. Polenz, Germanistik – eine deutsche Wissenschaft, 1967.

M. Pehlke, Aufstieg und Fall der Germanistik – von der Agonie einer bürgerlichen Wissenschaft, in: *J. Kolbe* (Hrsg.), Ansichten einer zukünftigen Germanistik, 1969, S. 18–44.

G. Reiss, Materialien zur Ideologiegeschichte der deutschen Literaturwissenschaft. Von W. Scherer bis 1945, 1973.

K. Ziegler, Deutsche Sprach- und Literaturwissenschaft im Dritten Reich, in: *A. Flitner* (Hrsg.), Deutsches Geistesleben und Nationalsozialismus, 1965, S. 144–159.

Das Interesse an der *literarischen Produktion* des III. Reichs wurde – wenn es überhaupt bestand – nach 1945 mit pauschalen Urteilen befriedigt; wenn diese mangelnde Differenzierungsbereitschaft allein ein Reflex auf diese Literatur gewesen wäre, wäre sie in gewissem Umfang verständlich gewesen, denn die völkisch-national-konservative Literatur befand sich nach 1933 in einem Stadium der Erstarrung, jedenfalls insoweit sie sich unmittelbar affirmativ zu den Tendenzen des III. Reichs verhielt; auf die Zeitläufte reagierte sie nur noch sehr abstrakt. Ihr Korpus wurde zum allergrößten Teil durch die völkisch-national-konservative Literatur der Weimarer Zeit und deren Fortsetzung in den 30er Jahren gestellt, das direkte Engagement für den nationalsozialistischen Staat schlug sich vor allem in einer unübersehbaren Menge von Proklamationen nieder. Schon im III. Reich wurde diese Situation als unbefriedigend beklagt, ohne daß trotz nicht geringer kulturpolitischer Anstrengungen eine Änderung herbeizuführen gewesen wäre. (Von der Produktionsseite her gesehen repräsentierten allein die ›junge Mannschaft‹ und die ›Innere Emigration‹ eine historisch neue Phase dieser Literatur.)

Genuin nationalsozialistisch war das meiste, was zwischen 1933 bis 1945 publiziert wurde, nicht, gerade die Erfolgsliteratur der 30er Jahre nicht; unter den literarischen Buchtiteln, die bis 1938 über eine halbe Million Auflage erreichten, befand sich kein nationalsozialistischer. (Dabei muß man allerdings die Kürze der Zeit berücksichtigen.) Ähnlich war die Situation auf dem Theater. Autoren und Bücher aus der breiten Tradition der völkisch-national-konservativen Literatur sperrten sich nicht, die neue herrschaftsaffirmative Funktion zu übernehmen. Einige Schriftsteller (wie etwa R. Binding, H. Carossa oder G. Hauptmann) bemühten sich allenfalls, im Raum des Dubiosen zu verharren.

Bei dieser Sachlage kann man nicht davon ausgehen, daß es eine einheitliche ›Literatur des III. Reichs‹ gegeben hätte. Vielmehr repräsentiert sie die Vielsträngigkeit der völkisch-national-konservativen Tradition und der verschiedenen Gruppierungen der faschistischen Bewegung. Es blieben so die üblichen Querelen nicht aus (etwa der Streit über H. H. Ewers 1933, über G. Benn 1934/35 oder über C. Langenbeck 1940/41). Konsistenz wurde allein gestiftet durch den allgemeinen Einbau ins kulturelle Leben des III. Reichs und vor allem durch die gemeinsame Gegnerschaft gegen die ›Moderne‹, ihre politische, gesellschaftliche und intellektuelle Verfassung.

Es gelang dem III. Reich nicht, trotz vielseitigen Ansprüchen in einer *Literaturtheorie* die gültigen Prinzipien und Grundlagen einer als verbindlich anzuerkennenden Literatur zu formulieren. Man wird das nicht allein als die Folge mangelnder kollektiver Denkkraft einschätzen dürfen, es ist auch nicht nur das Ergebnis eines terroristischen Kalküls, sich nicht festzulegen und so unberechenbar bedrohlich zu bleiben; man wird dieses Defizit an Selbstbestimmungsfähigkeit auch aus der historischen Situation derer begreifen müssen, die sich dort mühten: bei der völligen Orientierungslosigkeit mobilisierten sie in ihrer historischen Bedrohung eklektisch jene Vergangenheitspartikel, die sie zu besitzen glaubten und die ihre Rettung gegen die Zeit zu garantieren schienen. Möglicherweise erklärt das auch, warum sich auf diesem Sektor alles in allem so etwas wie eine völkisch-romantizistische Grundstimmung erkennen läßt (die sich in der nationalsozialistischen Politik nicht findet) und andere Möglichkeiten einer zeitadäquaten faschistischen Anti-Modernization, wie eine intellektuell-faschistische Ästhetik im Sinne Benns oder Jüngers oder eine kommunikationsfunktionale Literaturauffassung im Sinne von Goebbels, im Ansatz steckenblieben: sie ließen sich viel zu weit auf die Zeit ein. Nur ein demonstrativer, existentialistisch emotionalisierbarer Klassizismus, wie ihn z. B. A. Speer oder J. Weinheber und C. Langenbeck praktizierten, hatte neben dem Romantizismus eine Chance.

Anstelle einer geschlossenen Kunst- und Literaturtheorie findet sich ein Wust inhomogener Gedanken, der die zentralen Ideologeme faschistischen Selbstverständnisses in eine ästhetische Terminologie gießt. Für den alltäglichen Betrieb waren kaum die Offizialästhetiker von Belang (wie A. Baeumler und A. Rosenberg), sondern die Traktatschreiber, die zumeist aus Kulturhierarchie und Hochschulen stammten (etwa: P. Beyer, H. Brandenburg, W. Braumüller, W. Deubel, K. Eggers, K. Gerlach, H. W. Hagen, H. Johst, H. Knudsen, F. Koch, E. G. Kolbenheyer, K. Künkler, H. Langenbucher, R. Schlösser, W. Stang, Th. v. Trotha, H. S. Ziegler). Deren Gedanken kreisten um Vorstellungen vom Totalitätsanspruch der germanischen Kunst, von der Bindung an Blut/Rasse, Volk, Nation und Staat, von der Kunst als dem Ausdruck einer rassetypischen ›heroischen‹ Lebenshaltung der Deutschen, von der Priorität des Inhalts vor der Form, von der Aufgabe, die mythische Einheit des Volkes herzustellen, ohne daß sie sich je übersichtlich ordneten.

S. L. Gilman (Hrsg.), NS-Literaturtheorie, 1971.
K. Vondung, Völkisch-nationale und nationalsozialistische Literaturtheorie, 1973.

E. Wernert, L'Art dans le Troisième Reich, une Tentative d'Esthétique dirigée, Paris 1936.

Die ›alten Kämpfer‹, die 1933 ihre Stunde gekommen glaubten, mußten bald erkennen, daß sie (vor allem von Goebbels) an die Seite gedrängt wurden. Vom alten Stamm setzten sich (neben einigen Kulturpropagandisten) nur die meist jüngeren Autoren durch, die sich seit etwa 1930 in den Dienst der NSDAP gestellt hatten; sie bildeten – zumindest bis 1940 – unter dem Schlagwort einer *›jungen Mannschaft‹* die Kadertruppe der erhofften zukünftigen ›Literatur des III. Reichs‹. In Anlehnung an den zum Idol erkorenen H. Wessel verfaßten die Autoren (vor allem H. Anacker, H. Böhme, B. v. Schirach, G. Schumann), die auch Posten im nationalsozialistischen Herrschaftsapparat besetzten, in erster Linie politische Gebrauchslyrik; in ihrer Produktion beschworen sie die »Magie der Viererreihe« (Anacker), erweckten das Theodor-Körner-Pathos und die patriotischen Gesänge des 19. Jh.s zu altem Leben. Vor allem in den SA- und HJ-Liederbüchern, dann teilweise auch im ›Liedgut‹ der deutschen Armee, nahmen ihre zum totalen Kampf aufrufenden Marschlieder einen festen Platz ein. Diese Funktionalisierung der Literatur im Dienst der politischen Aktion galt als vorbildliche Einlösung des Politisierungsanspruchs der nationalsozialistischen Literaturdoktrin. In ihren Kantaten und Feierdichtungen, die sie neben den Marschliedern verfaßten und in denen sie zentrale Werte der faschistischen Ideologie wie Volk und Rasse, Glaube und Heldentum, ›Gott‹ und das Blut priesen, waren sie formal etwas variantenreicher als im eintönigen Marschlied. Spätromantische Restbestände, George- und Rilketöne, dazu gemäßigte expressionistische Entlehnungen sollten den Wert als ›Dichtung‹ im traditionellen Sinn steigern; eine gewisse formale Könnerschaft wird man diesen Autoren nicht absprechen können, sie trafen den chauvinistisch-aktionistischen Ton vor allem im organisierten Faschismus sehr gut.

Neben dieser ›harten‹ Schule gab es eine ganze Reihe mehr ›lyrisch‹ gestimmter, meist klassisch-romantischen Mustern verpflichteter Autoren wie H. Baumann, W. Brockmeier, C. M. Holzapfel, H. Menzel, H.-J. Nierentz. Sie sind untereinander recht unterschiedlich, aber ihr Rückgriff auf die ›schöne‹ Lyriktradition und ihre faschistische Erbaulichkeit ließen sie gleichermaßen als politische unpolitische ›Lyriker‹ des III. Reichs agieren. (Nach 1945 wurde in Westdeutschland deren

Funktion mit anderen Vorzeichen von H. Hesses neuromantischer, H. Carossas neuklassischer und der Benn-Epigonen existenzsentimentaler Lyrik übernommen.)

Neben dieser in der Nachfolge der ›patriotischen‹ Literatur und der klassisch-romantischen Bildungsdichtung stehenden Lyrik scheint die Position, die der formstrenge, konstruktionsgewandte *J. Weinheber* mit seiner heroischen, tendenziell St. George, E. Bertram oder R. Borchardt fortführenden Odendichtung einnimmt, eine vereinzelte zu sein. Diese Isolierung lockert sich aber, wenn man Weinhebers existenziell getönte Dichtung in den Zusammenhang der deutschen Hölderlin-Renaissance seit der Jahrhundertwende stellt, die Verbindung zur gleichzeitigen existenzialistischen ›Dichtungs‹interpretation eines M. Heidegger oder W. Schadewaldt zieht und die gleichzeitigen Versuche C. Langenbecks in Parallele dazu setzt. In solcher Nachbarschaft erkennt man, daß die ungemeine Förderung, die Weinheber durch die Nationalsozialisten erfuhr, und sein bedeutender Ruhm bei einer breiten Leserschaft seit den 30er Jahren seiner Zugehörigkeit zu einer Richtung des deutschen Antimodernismus entsprangen, welche den ›sagenden Sänger‹ zum Seher stilisierte, der in der Flachheit und Zerrissenheit der Zeitströmungen den Blick über das Vordergründige der geschichtlichen Entwicklung hinaus aufs ›Wesentliche‹, aufs ›Absolute‹ richte. So fallen Weinhebers Hymnen auf Hitler und seine Lobpreisungen der Kriegstoten nicht aus seinem auf den ersten Blick politisch unengagierten Oeuvre heraus.

H. Bergholz, The Weinheber Controversy; GLL NS 3, 1949/50, S. 51–59.

A. v. Bormann, Stählerne Romantik. Lyrik im Einsatz: Von der deutschen Bewegung zum Nationalsozialismus; Text und Kritik, Jg. 1973, H. 9/10, S. 86–104.

F. Jenaczek, Nachwort zu Bd. II der neuen Weinheberausgabe, Salzburg 1972.

U.-K. Ketelsen, Kunstcharakter als politische Aussage. Zur völkisch-konservativen Literatur des Dritten Reichs; LWU II, 1969, S. 159–183.

A. Schöne, Über die politische Lyrik im 20. Jh. 2. Aufl. ergänzt durch einen Briefwechsel mit G. Schumann u. einer Antwort von H. Pongs, 1969.

Ähnliche Hoffnungen wie auf die lyrische Produktion wurde während des III. Reichs auf das ›*Neue Drama*‹ gesetzt. Seine Vertreter galten als Vorreiter einer zu erneuernden Bühne des III. Reichs. Auch hier herrschte ein eklektisches Durcheinander verschiedener Richtungen, die sich aus der deutschsprachigen Theatertradition ableiteten; es wurde noch durch einen Wust an dramaturgischer Literatur vergrößert.

Bei einiger Schematisierung lassen sich zwei Hauptströmungen des ›Neuen Dramas‹ unterscheiden. Die eine beerbte das ›realistische‹ Drama des 19. Jh.s und wollte ein erhöhtes Abbild der Umwelt auf die Bühne stellen; der Handlungsnexus und im Typenschema der Theatertradition individualisierbare Figuren sollten das Rückgrat einer mimetischen Kunstdarbietung sein; diese sollte den Zuschauer mit Hilfe des Nacherlebens von bedeutsam herausgestellten Handlungen für politische Entscheidungen im Geiste des III. Reichs konditionieren. Dabei wurde selten auf eine kurzfristige Zustimmung zu einzelnen Regierungsmaßnahmen, sondern fast immer auf eine langfristige ›Haltung‹ abgezielt. Zu dieser Gruppe gehörten vor allem die Autoren H. Johst (»Schlageter« 1933), E. G. Kolbenheyer (»Gregor und Heinrich« 1934; »Jagt ihn – ein Mensch« 1931), Fr. Bethge (»Anke von Skoepen« 1941; »Marsch der Veteranen« 1935), W. Deubel (»Die letzte Festung« 1942), S. Graff (»Die Heimkehr des Matthias Bruck« 1933), Fr. W. Hymmen (»Beton« 1938), E. W. Möller (»Der Untergang Karthagos« 1938), G. Schumann (»Entscheidung« 1938), Th. v. Trotha (»Engelbrecht« 1937), H. Unger (»Opferstunde« 1934) und H. Zerkaulen (»Jugend von Langemarck« 1933). Da man manchen dieser Schriftsteller (etwa Johst, Kolbenheyer oder Möller) nicht einen gewissen Sinn für theatralische Wirkung absprechen kann, gelang es ihnen noch am ehesten, auf den Theatern gespielt zu werden, wenngleich ihr Anteil am Gesamtspielplan – trotz kräftiger staatlicher Unterstützung – überraschend gering blieb.

Die größere Hoffnung im Sinn der gewünschten Entwicklung eines ›Dramas des III. Reichs‹ wurde auf die zweite Hauptströmung des ›Neuen Dramas‹ gesetzt: auf die (neo)idealistischen Tragiker, deren Exponent der an Paul Ernst anknüpfende C. Langenbeck war (»Der Hochverräter« 1938; »Das Schwert« 1940); daneben sind der ältere E. Bacmeister (»Der Kaiser und sein Antichrist« 1935; »Kaiser Konstantins Taufe« 1937), E. v. Hartz (»Odrün« 1939) und E. W. Möller (»Das Opfer« 1941) zu erwähnen. Sie hatten ausgesprochen theoretische Neigungen (Langenbeck: »Die Wiedergeburt des Dramas aus dem Geist der Zeit« 1939; Bacmeister: »Die Tragödie ohne Schuld und Sühne« 1940), so daß sich ihre Stücke wie die Realisationen ihrer theoretischen Ansätze lesen. Auf den Bühnen hatten die meist ›mythische‹ Stoffe behandelnden Szenarien nur wenig Erfolg, und das nicht nur, weil sie nicht in Goebbels' Konzept von der Aufgabe des Theaters im Krieg paßten. Die angestrengten Konstruktionen mochten allenfalls als Lesedramen passieren.

Die versuchte Wiederbelebung der Tragödienform wurde nicht ästhetisch gerechtfertigt sondern weltanschaulich: in der strengen, aufs dichterische Wort gegründeten Tragödie soll die götterlose, zur tragischen Lebenshaltung und zum Ausharren unter dem Verhängnis verurteilte neuzeitliche Lebensform ihre ästhetisch gleichwertige Ausdrucksform finden; die erstrebte Tragödie soll – da sie den existenziellen Zwang der Situation durch deren bewußte Annahme aufhebe – als geistige Bewältigung ebendieser Situation gelten. Die Grundlinien, die nicht ohne Verquältheit vorgetragen werden, offenbaren sich in den realisierten Stücken sehr schnell als Verkleidung faschistischer Ideologeme, als Preis der germanischen Rasse (bei Möller), des ›Bluts‹ (bei v. Hartz), des imperialen Machtanspruchs (bei Bacmeister), des elitären Herrschaftsbewußtseins (bei Langenbeck), ja, als Verteidigung nationalsozialistischer Geschichtsinterpretation und Politik, als Rechtfertigung des 1. Weltkriegs (bei Langenbeck), des Ostkolonialismus (bei E. W. Möller) oder der Kirchenfeindlichkeit (bei Bacmeister). Daß diese Bewegung kurz vor Kriegsausbruch und in den ersten Kriegsjahren ihren Höhepunkt erreichte, dürfte kein Zufall sein; mit Pomp wird die Kapitulation vor der unbegriffenen und vom Kleinbürgertum nicht zu beeinflussenden Geschichte unterschrieben. Übrigens ließen sich an diesen Stücken, die im Rückgriff auf Goethes und Schillers klassizistische Versuche, auf Kleist, Hebbel, Wagner und vor allem Paul Ernst den Verfall der tradierten Dramenformen in der ›Moderne‹ bekämpfen sollten, eben jene Merkmale erkennen, die P. Szondi (»Theorie des modernen Dramas« 1956) als Charakteristika der Krise des ›modernen‹ Dramas interpretierte. Auch so betrachtet, fielen die Tragiker also nicht aus der Zeit. – Die weitläufige Diskussion über Langenbecks »Das Schwert« zu Beginn des Jahres 1941 wäre zudem als ein Musterbeispiel für die Kritik im III. Reich zu untersuchen.

allg. Literatur (vgl. auch obeen S. 88):
W. *Best*, Völkische Dramaturgie, 1940.
P.-H. *Bumm*, Drama und Theater der Konservativen Revolution, München 1971.

W. *Hinck,* Das moderne Drama in Deutschland, 1973, S. 142–151.

U.-K. *Ketelsen,* Heroisches Theater. Untersuchungen zur Dramentheorie des Dritten Reichs, 1968.

F. N. *Mennemeier,* Modernes Deutsches Drama. Bd. II: 1933 bis zur Gegenwart, 1975, S. 95–139.

G. *Rühle,* Zeit und Theater. Bd. III: 1933–1945, 1974, S. 723–818.

F. E. *Schulz,* Dramen-Lexikon, 1941 (Nachtr. 1942).

H. *Vonden,* Die weltanschaulichen Grundlagen des ernsten Dramas unserer Zeit (Kolbenheyer, Ernst, Bacmeister, Langenbeck), masch. Diss. Hamburg 1945.

H. *Wanderscheck,* Deutsche Dramatik der Gegenwart, 1938.

J. M. *Wehner,* Vom Glanz und Leben deutscher Bühne, 1944.

Fr. *Wolf,* Die Dramatik des deutschen Faschismus, in: F. W., Aufsätze 1919–1944 (= Werke, Bd. XV), 1967, S. 480–491.

zu *Langenbeck:*

M. *Lotsch,* Der Dramatiker C. Langenbeck. Sein Leben und seine Entwicklung bis 1932, masch. Diss. Hamburg 1958.

H. *Mettin,* Der Dramatiker C. Langenbeck; Das Innere Reich III, 1936/37, S. 118–126.

H. *Pongs,* Langenbecks tragisches Drama »Das Schwert«; Dichtung und Volkstum 41, 1941, S. 43–64.

zu *Möller:*

H. A. *Frenzel,* E. W. Möller, 1938.

Die Tendenzen zum kultischen Theater, die die Wiederbelebungsversuche der Tragödie kennzeichneten, standen ganz im Zentrum des in den Jahren nach 1933 vehement propagierten *Thingspiels.* Es war nicht als eine rein literarische Gattung gemeint, es sollte vielmehr ein theatralisches Analogon zu den Großveranstaltungen der nationalsozialistischen Massenorganisationen, ja, zur nationalsozialistischen Politik überhaupt sein; es war gedacht als die neue Form eines deutschen Nationaltheaters.

Die Ansichten über seine angemessene Form, die mit viel propagandistischem Aufwand verbreitet wurden, gingen weit auseinander und variierten zwischen Vorstellungen, die an Aufmarschtheater im Sinne der Reichsparteitage oder an rhetorisch ausgebaute Propagandaveranstaltungen dachten, und solchen Plänen, die auf ein völkisches Chortheater oder ein Weihe- und Kultspiel hinausliefen. Einig war man sich darin, daß die traditionelle Scheidung von Schauspieler und Zuschauer fallen sollte, daß die ganze ›Volksgemeinschaft‹ angesprochen und am Ende zu einer mythischen Gemeinde zusammengeschmolzen werden sollte. Die sozialpolitischen Träume solcher

Vorstellungen und die darin eingeschlossenen Klasseninteressen liegen ziemlich offen zutage. Obwohl die Nationalsozialisten den Anschein zu erwecken versuchten, es handele sich hier um eine genuine, wesensadäquate Form faschistischer Selbstdarstellung, lassen sich die theatralischen und massenkommunikativen Vorbilder, aus denen Passendes eklektisch zusammengelesen wurde, genau angeben; sie reichen vom antiken Kulttheater und mittelalterlichen Mysterienspiel über das barocke und klassizistische Festspiel, die patriotischen Aufzüge des 19. Jh.s, Wagner, das Wormser Festspielhaus, das Freilichttheater bis hin zu den Stadienspielen, den sozialdemokratischen Arbeitergesangvereinen und den Adaptionen des sowjetischen Agitprop in der Weimarer Zeit. Sie alle hinterlassen ihre Spuren im Thingspiel.

Im Prinzip handelt es sich bei diesem Genre um episches Theater aus antiaufklärerischem Impuls. 1934 setzte (wohl auch aus Gründen der Arbeitsbeschaffung) ein Run auf Baugenehmigungen von Thingspielplätzen ein, die eine Mischung aus Naturbühne und griechischem Theater sein sollten. Von über 500 Anträgen wurden etwa 20 in Angriff genommen, wenige vollendet: in Halle, Annaberg (Schlesien), in Heringsdorf (Usedom), Eichstätt, Bad Schmiedeberg, Stolzenau/Weser, Koblenz, Marienburg und schließlich auf dem Berliner Olympiagelände (Dietrich-Eckart-Bühne). Trotz nicht geringer Schreibaktivitäten blieb das Repertoire sehr klein: K. Eggers (»Das Spiel von Job dem Deutschen« 1933), E. Euringer (»Deutsche Passion 1933« 1933), K. Heynicke (»Neurode«, »Der Weg ins Reich« 1935), J. G. Schlosser (»Ich rief das Volk!« 1935) und der agile E. W. Möller (»Frankenburger Würfelspiel« 1936 auf der Olympiade dargeboten und öfter nachgespielt) sind auf diesem Sektor die erfolgreichsten Autoren. Im Prinzip wäre A. Speers Reichsparteitagsarchitektur und -inszenierung auch hier einzubeziehen. Nach einem überaus hoffnungsfrohen Start blieb der Erfolg allerdings aus, und Goebbels entzog der Thingspielbewegung 1937 die staatliche Unterstützung; die nationalsozialistische Kulturpolitik überließ die ›Volksgemeinschaft‹ wieder dem traditionellen Guckkasten- und Rangtheater.

Zur Literatur vgl. auch oben S. 84 und 88.

E. Beinemann, Das chorische Element im Drama der Gegenwart, masch. Diss. Jena 1941.
W. Braumüller, Freilicht- und Thingspiel, 1935.

Frankfurter Kunstverein (Hrsg.), Kunst im 3. Reich, 1974, S. 50–66.

M. *Lurz*, Die Heidelberger Thingstätte, 1975.

H. *Riecke*, Laienspiel, Werkspiele, Thingspiele; Ostdeutsche Monatshefte XVII, 1936/37, S. 83–87.

K. *Sauer* u. G. *Weerth*, Lorbeer und Palme. Patriotismus im deutschen Festspiel, 1971.

G. *Steinbömer*, Vom Wesen des Thingspiels; Wille und Macht III, 1935, S. 19–22.

Einen unmittelbaren Reflex auf die seit 1933 politisch veränderte Situation läßt die völkisch-national-konservative Literatur außer bei der ›jungen Mannschaft‹ nur im Hinblick auf die ›Innere Emigration‹ erkennen. Sie stellt die eigentlich neue Phase dieses deutschen Literaturzweiges dar. Kennzeichnend für sie ist, daß das traditionsorientierte, sozialemotional begründete Festhalten an den (vor allem im Bildungsbürgertum) überlieferten literarischen Mustern nahezu zum Programm erhoben wird: ästhetische Traditionalität wurde nachgerade zum Signum für diesen Versuch, durch Mobilisierung der ›guten‹ Überlieferungen und ihrer Werte dem ›Geist des Faschismus‹ zu widerstehen. Die Verpflichtung auf die Tradition wurde im Sinne eines Seelenhumanismus verinnerlicht, und ›Dichtung‹ war das Medium, mit dessen Hilfe dieser Rückzug geleistet wurde. Im Gegensatz zu den Emigranten marxistischer und liberaler Herkunft bezogen die ›Inneren Emigranten‹ keine antifaschistische Kampfposition, sie waren keine Angehörigen eines politischen Widerstands; ihre Position war eine resignative. Sie versuchten nicht, die gesellschaftlich-politische Realität zu verändern (was nicht bedeutet, daß sie eine Veränderung nicht gewünscht und daß sie nicht im privaten Bereich – auch unter Einsatz ihrer Person – Freiräume gegen den Nationalsozialismus geschaffen hätten); ihre Absicht war aufs private Überstehen gerichtet. Deswegen bildeten sie – über persönliche Freundschaften hinaus – keine Gruppe. Die paradoxe Situation der ›Inneren Emigranten‹ rührte daher, daß sie sich in ihrer Abstinenz gegenüber den Nationalsozialisten auf eben die gutbürgerlich-humanistischen Traditionen beriefen, die selbst schon ein Reflex auf den geschichtlichen Prozeß waren, der den nationalsozialistischen Staat hervorgebracht hatte; es war eine Münchhausensituation.

Die ›Innere Emigration‹ war – gerade weil sie eine Form des privaten Überstehens darstellte und weil sie sich aus den vielen Fasern bildungsbürgerlicher Überlieferungen nährte – außerordentlich vielstrebig. Am leichtesten fiel der Rückzug noch jenen Autoren, die christliche Traditionen in ihrem Rükken wußten. Es wäre auf W. Bergengruen, A. Goes oder R. Schneider zu verweisen. Ihr Traditionalismus ist die paradox neue (und am Ende hilflose) Antwort der konservativen Literatur auf die seit 1933 veränderte Situation. Schwieriger war die Lage für jene Autoren, denen ein solcher vergleichsweise gesicherter Rückweg nicht offenstand, die einen vagen Humanismus auf der Linie der klassischen Bildungsidee oder den elitären Hochmut einer abstrakten Geistigkeit berufen mußten, um sich nicht gemein zu machen mit dem, was geschah. E. Wiecherts »Das einfache Leben« (1939) oder E. Jüngers »Auf den Marmorklippen« (1939) offenbaren diese Ohnmacht gründlich; die nationalsozialistische Kritik nahm Wiecherts Buch, das den nationalsozialistischen Ton meidet und traditionelle Begriffe des bürgerlichen Humanismus wie Gewissen, Sittlichkeit, unheroische Haltung wahrt, durchaus positiv auf, und bei Jünger wird ein (zeitloser, fast mythischer) Nationalsozialismus als der bestialische Auswurf tierhafter Zerstörungskräfte dargestellt, deren blindwütiges Verfallensein ans Chaos niemals Erkenntnisse über die geheimen Ordnungen kosmischer Gesetzlichkeit gewinnen kann. Daß diese Bücher im III. Reich weithin als profunde Abrechnungen mit dem Nationalsozialismus gelesen wurden, sagt auch etwas aus über die Leserschaft, die diese Autoren trug. Zugleich zeigt sich, daß diese Schriftsteller von den Nationalsozialisten überaus trefflich der Kanalisierung bürgerlicher Vorbehalte gegenüber dem nationalsozialistischen Staat dienstbar zu machen waren.

Bald nach 1933 wurde die ›Innere Emigration‹ Gegenstand heftiger Kontroversen unter den Exilierten, die sich nach 1945 noch verschärften, als einige, die sich nun als Widerständler verstanden (wie Fr. Thieß), überaus scharf gegen die Exilierten polemisierten. Wegen des in keiner Weise so umreißenden Gruppencharakters der ›Inneren Emigration‹ hatte diese nach 1945 einen ungeheuren Zustrom (wodurch nicht nur die literarische Reputation derer litt, die sich verweigert hatten, sondern gerade auch deren subjektive moralische Glaubwürdigkeit, für die sie immerhin einst bereit gewesen waren, mit ihrem Leben einzutreten, wie etwa A. Haushofer oder auch Wiechert).

H. L. *Arnold* (Hrsg.), Deutsche Literatur im Exil, 1933–1945, 1974.

W. *Brekle*, Die antifaschistische Literatur in Deutschland (1933–1945); WB XVI, 1970, S. 67–128.

H. *Chatellier*, E. Wiechert im Urteil der deutschen Zeitschriftenpresse 1933–1945. Ein Beitrag zur nat.soz. Literatur- und Pressepolitik; Recherches Germaniques III, 1973, S. 153–195.

R. *Grimm*, Innere Emigration als Lebensform, in: R. *Grimm* u. J. *Hermand* (Hrsg.), Exil und innere Emigration, Bd. I, 1972, S. 31–73.

Ch. W. *Hoffmann*, Opposition Poetry in Nazi Germany, Berkeley 1962.

Ders., Opposition und Innere Emigration. Zwei Aspekte des ›Anderen Deutschland‹, in: P. U. *Hohendahl* u. E. *Schwarz* (Hrsg.), Exil und innere Emigration, Bd. II, 1973, S. 119–140.

H. R. *Klieneberg*, The Christian Writers of the Inner Emigration, Den Haag 1968.

U. *Laak-Michel*, A. Haushofer und der Nat.soz., 1974.

E. *Lämmert*, Beherrschte Prosa. Poetische Lizenzen in Deutschland zwischen 1933 und 1945. In: NR 86, 1975, S. 404–421.

H. *Mayer*, Konfrontation der inneren und der äußeren Emigration, in: R. *Grimm* u. J. *Hermand* (Hrsg.), Exil und innere Emigration, Bd. I, 1972, S. 75–87.

E. G. *Riemenschneider*, Der Fall Klepper. Eine Dokumentation, 1975.

R. *Schnell*, Literarische innere Emigration 1933–1945, 1976.

Fr. *Schonauer*, Deutsche Literatur im Dritten Reich, Olten 1961, S. 125–153.

Th. *Ziolkowski*, Form als Protest. Das Sonett in der Inneren Emigration und der Exilliteratur, in: R. *Grimm* u. J. *Hermand* (Hrsg.), Exil und innere Emigration, Bd. I, 1972, S. 153–172.

Die Auseinandersetzung mit dem Problemkreis *Sprache im III. Reich* bildet neben der Untersuchung der nationalsozialistischen Kulturpolitik den zweiten Schwerpunkt der Beschäftigung mit dem III. Reich; diese Sprachuntersuchungen zeichnen sich dadurch aus, daß sie seit 1945 mit ziemlicher Kontinuität betrieben worden sind, so daß der Wandel der Einschätzung des III. Reichs an diesen Arbeiten zumindest partiell zu beobachten ist. Dabei fanden zwei Gesichtspunkte besondere Aufmerksamkeit: das Phänomen der ›Sklavensprache‹ und die ›Lingua Tertii Imperii‹, die Offizialsprache des nationalsozialistischen III. Reichs.

Unter *Sklavensprache* verstand man ein Kommunikationsmedium, das jene gezwungen waren zu gebrauchen, die ihre von den Machthabern abweichenden Meinungen öffentlich nur in einer Sprachform äußern konnten, die für den Adressaten als Meinungsäußerung verständlich war, den Machthabern aber zumindest keine Angriffsmöglichkeit bot. Solcher Mitteilungsstil war vor allem für die verbliebenen liberal-bürgerlichen Zeitungen von Bedeutung. Er reichte von kommunikativen Großformen (etwa der betonten Plazierung einer Mitteilung, der Kommentarverweigerung usw.) bis zu Einzelformen (wie Nichtbenutzung eindeutig festgelegter Terminologien, Benutzung von Wörtern mit nicht-systemkonformen oder systemopponierenden Konnotationen). In Erweiterung dieses Begriffs konnte darunter jede Abweichung von der als herrschend angesehenen Sprachnorm verstanden werden; so erfuhr die Literatursprache des 19. Jh.s im III. Reich noch einmal eine Renaissance. Diese Sprachbenutzung lebte von der mit Bedeutung versehenen Variante. Sie basierte auf der uneingeschränkten Gültigkeit der Totalitarismusthese; seit diese aber eingeschränkt wurde, verstummte auch die Rede von der Sklavensprache, zumal auch hier gilt, was schon im Hinblick auf die ›Innere Emigration‹ festzustellen war: nach 1945 schwoll die Zahl derer unermeßlich an, die plötzlich ihre im III. Reich entstandenen Schriftsätze zwischen den Zeilen genauer besehen haben wollten als auf den Zeilen selbst.

Die Existenz von ›Sklavensprache‹ ist gebunden an eine herrschende Sprachnorm, von der sie abweichen kann. Diese Sprachnorm sollte die *Lingua Tertii Imperii* (Klemperer) darstellen, die herrschende Sprache der herrschenden Nationalsozialisten. Gemäß der in der deutschen Bildungstradition und der deutschen Sprachwissenschaft dominierenden idealistisch-klassischen Humboldtschen Sprachauffassung, nach der der ›Geist‹ ›der Sprache‹ sein Siegel einpräge, wurde diese sprachlich korrumpierte LTI als Ausdruck des ›Ungeistes‹ und der Inhumanität eingeschätzt. Diese Faschismuskritik als Sprachkritik kam besonders einem konservativen Faschismusverständnis entgegen und bestimmte bis etwa 1960 die sprachhistorischen Studien zum III. Reich. Es wurden Wörter gekennzeichnet, deren häufiger Gebrauch die LTI charakterisiere (etwa Wörter aus der Kriegssphäre, der Ungeziefervernichtung usw.), oder häufig auftretende grammatische Formen isoliert (etwa die Superlativverwendung), Umschichtungen in Wortschatz und Syntax registriert (wie die Verdrängung der Literatursprache durch Umgangsdeutsch), Verschleierungstechniken entlarvt (wie Benutzung von Euphemismen), die Technisierung des Wortschatzes angeprangert oder die mangelnde Logizität beliebter Sprachkonstruktionen betont. Obwohl hier viele, oft sehr signifikante Beobachtungen angestellt wurden, litten diese Untersuchungen teils an ihren sprachtheoretischen Implikationen, teils am Impressionismus der Beobachtungen.

Die stärkere Beobachtung, die die Rhetorik seit den beginnenden 60er Jahren wieder fand, veränderte auch die sprachgeschichtlichen Studien auf diesem Feld. Die Konstruktion einer einheitlichen ›Sprache des III. Reichs‹ wurde zurückgedrängt, an ihre Stelle trat die Untersuchung des Sprachgebrauchs im Zusammenhang von »Strategien der Überredung« (Burke). Damit änderte sich das Untersuchungsobjekt: statt die vorausgesetzte eine allgemeine Sprache zu untersuchen, wandte man sich konkreten Texten, meist Politikerreden, zu. Die politische Rede wurde hinsichtlich ihrer Handhabung zum Zwecke der Massenmanipulation analysiert, es wurden die Techniken der Simplifizierung und Emotionalisierung, der Feindkennzeichnung, des Verschweigens der Wahrheit und der Beglaubigung der Lüge herausgestellt. Diese idealistische Phase, in der es vor allem um die manipulierte Differenz zur Wahrheit ging, wurde seit Ende der 60er Jahre von einer materialistischen abgelöst, in der es bei der Untersuchung solcher rhetorischen Verfahrensweisen der Massenbeeinflussung um die »Funktion faschistischer Sprache« (Winckler) in der Auseinandersetzung politischer und gesellschaftlicher Interessen geht; auf diese Weise soll die Rhetorik eingebracht werden in eine allgemeinere Herrschaftstheorie. Das blieb aber zunächst nur ein vorgeschaltetes Explikationsschema, dessen Mechanik erst eine Chance hatte aufgelöst zu werden, seit die Rhetorik in den weiteren Zusammenhang einer Kommunikationstheorie integriert worden ist, so daß neben dem Redner nun endlich auch die Angeredeten anders denn als bloße Objekte im Blickfeld erscheinen und ihre Situation, ihre Interessen und Disponiertheiten integrale Bestandteile einer Analyse werden können.

Th. W. Adorno, Jargon der Eigentlichkeit, 1964.

H. G. Atkins, German Literature Through Nazi Eyes, London 1941.

C. Berning, Vom »Abstammungsnachweis« zum »Zuchtwart«. Vokabular des Nationalsozialismus, 1964.

W. Betz, The National-Socialist Vocabulary, in: The Third Reich, London 1955, S. 784–796.

J. Bohse, Elemente von Klassenkampf in Goebbels' Rede zum ›totalen Krieg‹, in: *J. Goth* u. a., Rhetorik, Ästhetik, Ideologie, 1973, S. 219–236.

S. Bork, Mißbrauch der Sprache. Tendenzen nationalsozialistischer Sprachregelung, Bern 1970.

E. K. Bramsted, Goebbels und die nationalsozialistische Propaganda, 1971.

K. Burke, Die Rhetorik in Hitlers »Mein Kampf« (1939), 1967.

S. Frind, Die Sprache als Propagandainstrument in der Publizistik des Dritten Reiches, Diss. FU Berlin 1964.

R. Glunk, Erfolg und Mißerfolg der nationalsozialistischen Sprachlenkung, Zs. f. dtsch. Sprache, 1966, S. 57–73, 144–153; 1967, S. 83–113, 178–188; 1968, S. 72–91, 184–191; 1969, S. 116–128, 180–183; 1970, S. 84–97, 176–183; 1971, S. 113–123, 177–187.

D. Grieswelle, Propaganda der Friedlosigkeit. Eine Studie zu Hitlers Rhetorik 1920–1933, 1972.

V. Klemperer, »LTI«. Die unbewältigte Sprache (1946), [3]1969.

H. v. Kotze u. *H. Krasnik*, Einl. zu: Es spricht der Führer. 7 exemplarische Hitler-Reden, 1966, S. 7–70.

R. Minder, Heidegger, Hebel oder die Sprache von Meßkirch, in: R. M., Dichter in der Gesellschaft, 1966, S. 210–264.

H. Müller, Der pseudoreligiöse Charakter der nationalsozialistischen Weltanschauung; GWU XII, 1961, S. 337–352.

P. v. Polenz, Sprachpurismus und Nationalsozialismus, in: Germanistik – eine deutsche Wissenschaft, 1967, S. 111–165.

C. Schnauber, Wie Hitler sprach und schrieb. Zur Psychologie und Prosodik der faschistischen Rhetorik, 1972.

E. Seidel u. *I. Seidel-Slotty*, Sprachwandel im Dritten Reich, 1961.

J. P. Stern, Hitler. The Führer and the People, London 1975, S. 28–42, 78–91.

D. Sternberger, G. Storz, W. E. Süskind, Aus dem Wörterbuch des Unmenschen (1945/48), 1957.

L. Winckler, Studien zur gesellschaftlichen Funktion faschistischer Sprache, [2]1971.

W. Zehetmeier, Bau und Wirkung demagogischer Rede. Zur Goebbels-Rede vom 9. IV. 1939, in: Ästhetik und rhetorische Kommunikation, 1973, S. 56–74.

VI. Die völkisch-national-konservative und national-sozialistische Literatur in der Phase ihrer kollektiven Verdrängung (nach 1945)

Die Frage des Schicksals der Literatur der untersuchten Provenienz im Nachkriegsdeutschland ist (zumindest in Westdeutschland) ausschließlich als ein Vergangenheitsproblem gesehen worden. Da die Dimensionen dieser Literatur auf den Begriff einer parteiamtlichen nationalsozialistischen Literatur eingeengt wurden, ging es am Ende nur noch um zwei Aspekte: Ist die (so restriktiv definierte) Literatur des III. Reichs auch nach 1945 noch lebendig; gibt es neue Ansätze, die an diese Traditionen anknüpfen?

Da 1945 als ein totaler Endpunkt deutscher Geschichte gesehen, die Nach-45er-Geschichte als völliger Neubeginn erlebt wurde, fiel die Antwort scheinbar leicht. Die Autoren, die zwischen 1933 und 1945 das literarische Leben bestimmt hatten, waren mit 1945 (unter Nachhilfe der ›Entnazifizierung‹) von der lebendigen Literaturszene verschwunden; die große Ausnahme machten nur G. Benn und (mit gewissen Einschränkungen) E. Jünger, aber beide galten damals ohnehin nicht als Autoren des III. Reichs. Andere schlüpften unter den weiten Mantel der ›Inneren Emigration‹, standen also gar nicht im Problemhorizont. Der bekannte Verdrängungskomplex tat ein übriges, um die weitverbreitete Unwilligkeit, sich mit der Erbschaft der Tradition auseinanderzusetzen, zu legitimieren.

Daß viele der Autoren unterhalb der Ebene der offiziellen Literaturdiskussion noch eine ausgedehnte Aktivität entfalteten, wurde zwar zur Kenntnis genommen, auch als latente politische Bedrohung empfunden, aber sie waren mit ihren alten und neuen Werken dennoch kein Teil des literarischen Lebens Nachkriegsdeutschlands und übten auf die deutsche Literaturentwicklung keinen Einfluß aus. Neue Autoren aus dem Geiste dieser Tradition konnte man von Westdeutschland aus nur in den kommunistischen Parteiautoren der »Zone« erkennen; nach dem extremen Urteil des Außenministers H. v. Brentano, das aber doch latente Einschätzungen dokumentierte, war

H. Wessel in B. Brecht wiederauferstanden. Trotz manchen Warnrufen vor einem Neonazismus wurde dieser nie als eine literarische, sondern immer als ein politische Gefahr beschworen. So ist es nicht verwunderlich, daß es keine umfassende Bestandsaufnahme zu diesem Komplex gibt.

Die Betroffenen selbst reagierten unterschiedlich auf die neue Situation, sie verfaßten (wenn sie nicht lieber überhaupt schwiegen) selbsterklärende und -rechtfertigende Autobiographien (etwa G. Benn »Doppelleben«, S. Graff »Von SM zu NS«, Fr. Griese »Leben in dieser Zeit«, B. v. Schirach »Ich glaubte an Hitler«) und Romane (wie B. Brehm »Das zwölfjährige Reich«, I. Seidel »Michaela«), sie pamphletierten (so G. Schumann gegen A. Schöne) und prozessierten (etwa M. Barthel und S. Graff gegen Kröner/G. v. Wilpert, H.-J. Haecker gegen Francke/K. G. Just) – viel an Erkenntnis ist dabei nicht herausgekommen.

Die Behandlung des Themas: völkisch-national-konservative und nationalsozialistische Literatur nach 1945 müßte – wenn seine Behandlung ergiebig sein soll – aus dieser Eingrenzung auf die Verpflichtung gelöst werden, es gelte allein die Spuren geleisteter oder nichtgeleisteter Vergangenheitsbewältigung bloßzulegen. Es müßte vielmehr auch als ein Problem der Gegenwartsbewältigung aufgefaßt werden. Wenn man die Literatur der dargestellten Provenienz aus der Umklammerung des eingrenzenden Vorurteils löst, es handele sich im Prinzip nur um nationalsozialistische Propagandaliteratur und deren Vorläufer, wenn man sie umgekehrt in den breiten Kontext der deutschen Literaturtradition stellt, dann erscheinen das ahnungslose Anknüpfen der deutschen Nachkriegsliteratur bei der Weimarer ›Moderne‹, die breite Popularität, die konservative Autoren in den 50er Jahren genossen, deren Einfluß auf Lesebücherkanons, Leihbibliotheksbestände und auf die Vorstellungen von ›gutem Deutsch‹, wie sie sich in Statistiken und Wörterbüchern niederschlagen, in einem anderen Licht.

Es ginge auch nicht um Schriftsteller und Bücher allein, es ginge um ihre soziokulturelle Funktion in der Nachkriegsgesellschaft, um den sozialen Status der Leserschichten, um Erwartungen und Hoffnungen, um deren sozialgeschichtliche Traditionen und Intentionen, um die Struktur des Kommunikationssystems und die Bedeutung, die Literatur darin hat; es fragte sich, wie tief der Einschnitt in die (klein)bürgerlichen Traditionen als Folge sozialer Veränderungen und Umschichtungen nach 1945, der veränderten Schulbedingungen und Kul-

turattitüden in Wirklichkeit ist, wie nachhaltig der ›Moderni-
tätsschub‹ der 60er Jahre am Ende wirkt. Hier liegt ein weites
Feld, das zu vermessen eine der wichtigen Aufgaben der Literaturwissenschaft wäre.

110

114

0908

5